Johannes, Martina, Julia & Tobias Hartkemeyer

Nachrichten vom Hof II
Das Abenteuer Landleben im Jahreskreis

CSA Hof Pente

Mit Beiträgen von:

Peter Guttenhöfer (AG Handlungspädagogik)
Gerald Hüther (Universität Göttingen)
Jonas van der Gathen (Jugendhof Stiftung)

Herstellung und Verlag:
BoD - Books on Demand, Norderstedt
ISBN 978-3-7357-1800-6

Inhaltsverzeichnis

Vorwort..

2013..**10**

Nachrichten vom Hof Mai 2013...............................10
Nachrichten vom Hof Juni 2013..............................16
Nachrichten vom Hof Juli 2013...............................22
Nachrichten vom Hof August 2013.........................28
Nachrichten vom Hof September 2013....................37
Nachrichten vom Hof Oktober 2013........................45
Nachrichten vom Hof November 2013.....................51
Nachrichten vom Hof Dezember 2013.....................59
Nachrichten vom Hof Weihnachten 2013.................67

2014..**76**

Nachrichten vom Hof Januar 2014...........................76
Nachrichten vom Hof Februar 2014.........................85
Nachrichten vom Hof März 2014.............................94
Nachrichten vom Hof - April 2014..........................102

Pestizide nein Danke !...**111**

Verwandlung von Schule......................................**119**

Erfahrungsräume für gelingende Lernprozesse....126

Die Weltenrettung ist in vollem Gange..................128

Rückmeldungen zu den Nachrichten vom Hof......137

Autoren..139

Vorwort

>»*Dieses System tötet*«
>
>Papst Franziskus

An jedem Tag sterben 30 Bauernhöfe. Allein in Deutschland! Sie stehen zwar noch in der Landschaft, aber das landwirtschaftliche Leben ist ausgewandert. Wohin? Wohin wandern zum Beispiel die Tiere? In der Regel hinter Schloss und Riegel. In Massentierställe. Zutritt verboten! Von der Geburt bis zum Tod sehen sie kein Tageslicht mehr. Automatisierte Prozesse, Betonboden, künstliches Licht bestimmen das Leben. Ohne Antibiotika geht es nicht mehr. Und unser frisches Gemüse? Zum großen Teil wird es aus tausend km entfernten, pestizidverseuchten Gewächshäusern herangeholt, die, wie in Almeria, ganze Regionen bedecken. Auch im Biobereich kommen die Lebensmittel mittlerweile schon aus weit entfernten Ländern, wie China.

Wir befinden uns im Jahre 2014 n. Chr. Ganz Europa ist beherrscht von Agrarkonzernen, der Nahrungsmittelindustrie und ihren Lobbyisten.... Ganz Europa? Nein! Immer mehr unbeugsame CSA`ler bevölkern einzelne Regionen und hören nicht auf, dem Eindringling Widerstand zu leisten. Sie stellen sich der Industrialisierung und Chemiesierung entgegen. Gemeinsam sagen Bauern, Verbraucher, Kunden, Bürger:

»**Wir haben es satt!** *Wir wollen wissen, wo und wie unsere Lebensmittel wachsen! Wir setzen unser Geld für eine Alternative ein! Wir brauchen keine Geschmacksverstärker! Wir wollen das Echte! Keine denaturierten, konservierten, hochglanzegalisierten, verwässerten und künstlich wieder aufgepäppelten Lebensmittel. Wir übernehmen wieder Verantwortung für unsere Landwirtschaft und unsere Ernährung! Und das bringt nicht nur ein gutes Gewissen, sondern auch mehr Lebensfreude.*«

Nach dem großen Interesse an den **Nachrichten vom Hof**, zahlreichen Zeitungsbeiträgen und Fernsehsendungen über **CSA Hof Pente** legen wir nun die neuen **Nachrichten vom Hof, Bd. 2** vor. Sie sind aus dem praktischen Leben entstanden. Aus der nicht alltäglichen Alltagsarbeit, aus den Beobachtungen mit den Tieren, Pflanzen und Menschen vom Hof. Sie sind auch ein kritischer Spiegel der Politik, der ungeschönten, manchmal vielleicht interessanten Erfahrungen mit Bürokratien und anderen Frustbegleitern. Sie sollen keine Klage, sondern ein Bericht der Hoffnung sein. Denn auf der anderen Seite gibt es auch eine wachsende Zahl von aufrechten, engagierten Menschen, die da Hilfe anbieten, wo sich Probleme entwickeln -, die Freude an der Mitarbeit haben.

Und es ist auch ein Buch für und über Erwachsene und Kinder, die Lust an einem Landleben haben, das noch echte Aufgaben und Abenteuer bietet. Sogar die Tiere leben auf diesem Hof im Freien und können immer neue Landstriche auf dem Acker erkunden.

Wir freuen uns auch, dass die moderne Hirnforschung und Pädagogik langsam zu ahnen beginnt, welche Entwicklungs- und Bildungschancen die Landwirtschaft bietet, wenn sie neu gedacht und praktiziert wird.

Wir danken allen Mitarbeitenden, Teilnehmenden und -gebenden, für die Arbeit an einer neuen Perspektive für die gemeinsame Gestaltung der Lebenszusammenhänge mit Pflanzen, Tieren und Boden.

Das vorliegende Buch entstand im Rahmen eines von der Deutschen Bundesstiftung Umwelt geförderten Projektes[1].

Kartoffelernte

---

[1] *Erprobung eines innovativen Kommunikations- und Bildungskonzepts für gemeinschaftsgetragene Landwirtschaft am Beispiel vom CSA Hof Pente*

2013

Nachrichten vom Hof Mai 2013

Liebe CSA-Freunde und Mitglieder,

»die linden Lüfte sind erwacht...« und haben endlich die eisigen Märzwinde abgelöst, die den Boden weitgehend ausgetrocknet haben. In der Lindenallee sprießen die ersten grünen Frühlingsblätter und die Kastanien entfalten in der Südallee zunehmend ihre weißen und roten Blütenkerzen.

Die **Frühlingssalate** gedeihen prächtig. Allerdings wächst durch den intensiven Kältereiz des langen Winters auch das »Schossrisiko« für die Pflanzen - insbesondere beim Mangold; nach der Kälte gehen die zweijährigen Pflanzen in die generative Phase über – sie blühen und bilden Samen. Für diesen Prozess, auch »Vernalisation« genannt, sind Temperaturen zwischen 4° und 8 °C am wirkungsvollsten.

Unser letztes **Hofhuhn** haben wir nach einer zweimonatigen Auszeit in der menschlichen Hofgemeinschaft wieder gut erholt in die Hühnerschar zurückgegeben. Prompt stand am nächsten Tag ein neues Huhn auf dem Hof. Sehr gerupft von seinen Artgenossen. Offenbar konnte auch der die Hennen immer wieder zur Ordnung rufende Hahn sie nicht davon abbringen, ihre Rangkämpfe untereinander aufzugeben. Nun sucht »Roberta-Edeltrud« bei den

Menschen ein vorübergehendes Asyl.

Der letzte **Eierskandal** machte deutlich, dass die ökologische Hühnerhaltung in bäuerliche Hand gehört und nicht in industrielle Strukturen. Es stellte sich heraus, dass von Investoren auch im EG-Öko-Sektor Anlagen mit mehreren 10.000 Hühnern gebaut werden, die nur durch Wände getrennt werden, um die Vorschriften der maximalen Größe von 3.000 Tieren formal einzuhalten. Die Ausläufe für die Tiere liegen mehrere 100 m weit entfernt und sind damit für die Hühner quasi unerreichbar. Formal werden zwar die Vorschriften eingehalten, aber kein Huhn entfernt sich mehr als etwa 50-100 m von seinem Stall – es ist ein Fluchttier, das stets auf Deckung achtet.

Der Grenzwert für das extrem gefährliche Agrargift **Glyphosat** wurde auf Betreiben des industriellen Chemie-Klientels auf das Hundertfache heraufgesetzt. Wie groß die Macht von *Monsanto* bereits ist, zeigt ein Ereignis zur Verabschiedung des **Haushaltsgesetzes** im US-Senat im März diesen Jahres. Ein hineingemogelter »Zusatz 735« gibt *Monsanto* mit seinem genmanipulierenden Geschäft – ebenso auch *Bayer Syngenta*, *DuPont* – einen Freibrief. Gerichte sollen in Zukunft auch bei begründeten Gesundheits- und Umweltgefahren weder Aussaat, Anbau noch Vertrieb dieser Produkte verhindern können!! (TAZ vom 3.4.2013 Seite 9). Gleichzeitig hat das (deutsche) *Bundesamt für Verbraucherschutz und Lebensmittelsicherheit* rechtzeitig zu Ostern ein besonders (aber nicht nur) für Hasen gefährliches **Pestizid** trotz bisherigen Verbots wieder erlaubt: **Afalon** 450 SC. Es soll Beikräuter in Feldsalaten vernichten. Es steht »keine praktikable Alternative zur Verfügung« sagte der Behördensprecher (TAZ vom 30/31.3.2013). Die Biolandwirtschaft zählt offenbar nicht!

Aber es gibt auch Lichtblicke: der neue *Landwirtschaftsminister* von Niedersachsen will für Schweine-Mastställe mit über 2.000 Tieren **Luftfilter** vorschreiben. Eine neue niederländische Untersuchung (*Reichsinstitut für Gesundheit und Umwelt*) hat bereits 2011 nachgewiesen, wie gefährlich die Endotoxin- und Feinstaubwerte rund um Massentierhaltungsställe sind. Insbesondere die multiresistenten Keime (MRSA) könnten Hautinfektionen verursachen, die nicht mehr über Antibiotika zu heilen sind. Das hat in einigen Fällen bereits zur zwingenden Amputation von Gliedmaßen geführt. Neue Untersuchungen zum **Ökolandbau** weisen darauf hin, dass dieser einen um bis zu 50 % niedrigeren CO_2-Eintrag in die Atmosphäre hat und daher einen erheblichen Beitrag zum Klimaschutz leisten kann.

Leider lässt sich die Wirtschaftlichkeit nicht über die **Preise** herstellen, da diese nicht die Wahrheit sagen. So können die Biobauern keine so hohen **Pachtpreise** zahlen, wie es zum Beispiel Agrarindustrielle tun können, die Flächen in erster Linie zum »Entsorgungs«-Nachweis ihrer Massen-Tierhaltung und für unersättlich Mais-fressende Biogasanlagen suchen. Wir haben selbst in der Nachbarschaft erleben müssen, dass wir trotz hoher Gebote nicht zum Zuge kamen.

Für unsere **Hühner** müssen wir in begrenztem Umfang auch Biofuttermais anbauen. Dabei stellt sich die Frage: wie säen wir ihn aus? Denn die Lohnunternehmer haben nur noch Maschinen, die bereits mit Beize verunreinigt sind. Außerdem haben diese mittlerweile eine Größe erreicht, die nur von schweren Schleppern bewältigt werden können. Also mussten wir unseren Gebrauchtmaschinenpark um ein Maislegegerät erweitern, um autark zu werden.

Viele Mitglieder haben es bereits gemerkt: die **Pflasterarbeiten** an der Kreuzung haben dazu geführt, dass man nun mit Samt-, Stöckel- oder Ballettschuhen den Abholraum erreichen kann, anstatt Gummistiefel hervor zu holen. Außerdem besteht nun die Chance, die Wasserflut des östlichen Mühlenweges rechtzeitig abzufangen, ohne Küche und Abholraum mit Sandsäcken schützen zu müssen. Zusätzlich hat unsere »Baubrigade« weitere Schutzgräben angelegt, um Wasser- und Stromleitungen verlegen zu können.

Eines unserer großen »Nebenher-Projekte« ist eine Wasserleitung quer durch Kühnerts Garten und die Obstwiese zum neuen Gemüseacker – dort wird das Wasser jetzt auch dringend benötigt. Verstärkt wollen wir nun auch Regenwasser einfangen, um den Pflanzendurst in den Gewächshäusern zu stillen.

Erfreulich war die Resonanz auf unseren **Infotag**

für neue Interessenten. Mehr als 30 neue Mitglieder konnten aufgenommen werden. Wir hoffen auf Eure Unterstützung, um noch weitere 20 erwachsene Neumitglieder zu finden.

Gemeinsam Eiersammeln

Die Kleinen wollen natürlich auch helfen und dürfen den Sand in die Fugen fegen

Gartenfest im Kinderbauernhof

Nachrichten vom Hof Juni 2013

*"Ist der Mai kühl und nass,
füllt er dem Bauern Scheuer und Fass".*

In diesem Jahr hat der **Mai** diese alte Bauernregel besonders gut erfüllt. Zu keinem Zeitpunkt des Jahres sind die Wachstumsimpulse und der Mengenzuwachs so groß wie im Mai. Daher ist das Lebenselixier Wasser so notwendig. Die Sonne kann ruhig etwas zurücktreten, um das Temperament der Naturkräfte nicht überborden zu lassen. Aber es gibt auch die andere Seite: der kühle Mai verzögert das Wachstum der Freilandpflanzen, besonders den Salat, enorm. Das Beikraut aber sprießt voller Lebensfreude. Und die mechanische Bekämpfung wird durch die Bodenfeuchte behindert. Im neu eingezäunten Gartenstück - "Toschlag" genannt - wachsen die Quecken, als hätte die Telekom alle Glasfaserkabel ihres bundesweiten Netzes dort konzentriert verlegt.

Die **Pflanzarbeit** muss trotzdem erfolgen. Die Salate ziehen wir selbst heran. Zunächst werden die Samen in Pflanzschalen zum Keimen gebracht. Wenn die jungen Pflänzchen groß genug sind, werden sie mit dem Pikierstäbchen vereinzelt und in Quickpots gesetzt. Haben sie die richtige Größe erreicht, werden sie einzeln von Hand in den vorbereiteten Mutterboden gesetzt. Dabei ist die einzige technische Hilfe die Pflanzmaschine, welche die Reihen für die Wurzelbällchen zieht, oder die entsprechenden Pflanzlöcher in den Boden drückt. Die Reihen werden gehackt und schließlich werden die Pflanzen, wenn sie sich, dank der Kräfte von Erde und Kosmos, zu prächtigen Salatpflanzen entwickelt haben, von Hand geerntet, gewaschen und in die Napfkisten für den Abholtag gelegt.

Die **Frühkartoffeln** haben den Kälteeinbruch des Frühjahrs offensichtlich gut überstanden. Die Babykartöffelchen sind allerdings erst etwa 2 mm groß, so dass wir nur mit großem Wetterglück und Sonnenschein im Juni schon die erste frische »Annabelle« ernten können. Die Kinder des Hofes haben unter Anleitung und Mithilfe von Tobias und Rosalind ein großes Ampfernest aus den Reihen der Lagerkartoffeln in der Maienwiese gezogen. Gerade noch rechtzeitig, bevor die Samenstände voll entwickelt waren.

Die **Schweine** haben ihren Umzug vom Winterquartier in die Zwischenfrüchte sehr genossen. Die erste Aprilsonne führte bei ihnen fast zu Sonnenbrand. Daher wurden die Schweine mit Rapsöl eingecremt. Das ist auch ein guter Schutz gegen Ungeziefer, wie Milben und Läuse, die in dem Öl ersticken. So haben wir - ohne Gift einzusetzen - zwei Fliegen mit einer Klappe geschlagen. Und: Durch eine ungeplante Schwangerschaft hat uns «Reinhild» mit kleinen Ferkelchen beglückt. Die lebensfrohen Frischlinge waren schon am zweiten Lebenstag durch ein Loch in der Verkleidung aus ihrer Hütte ausgebüchst und balgten im Freien.

Glücklicherweise ist seit einigen Wochen unsere restaurierte **Mahl- und Mischanlage** in Betrieb. Die starke Hammermühle reduziert den Zeitaufwand für das Mahlen erheblich. Und der Schneckenmischer befreit uns von der mühseligen Hand-Mischarbeit. Mit der alten Steinmühle mahlen wir noch die eigenen **Ackerbohnen**, die als organischer Stickstoffdünger im Gewächshaus eingesetzt werden. Dort sind nun die Tomaten-, Gurken- und Paprikapflanzen gesetzt und an die Pflanzschnüre gehängt.

Im letzten Moment gelang es noch durch den konzentrierten Einsatz von Jürgen und Anderen, die **Bewässerungsanlage** im großen Gewächshaus zu komplettieren. Tomaten dürfen nur durch am Boden liegende Tröpfchenschläuche vorsichtig versorgt werden, um Pilzerkrankungen vorzubeugen. Gurken lieben dagegen ein feuchtwarmes Klima, das durch feine Wasserdüsen von oben gefördert wird. Auch die Tore an der Südseite des großen Gewächshauses sind fast fertig.

Die Legeleistung unserer **Hühner** geht durch den Beginn der Mauser, in der sie ihr Federkleid wechseln, zurück. Wir werden im Juli neue, diesmal weiße Hühner bekommen, die auch helle Eier legen. Die Althennen werden sortiert und die besten von ihnen bekommen im fahrbaren Altenteil eine neue Chance.

Leider hatten wir bei den **Rindern** nicht so viel Glück. Ein Jungrind lehnte bei ihrer Erstgeburt die menschliche Hilfe völlig ab. Wir konnten nur noch das tote, wunderschön entwickelte Kälbchen bergen. Dann hat Lukas noch versucht, ihr ein anderes Kälbchen eines befreundeten Betriebes zur Betreuung zu überlassen. Aber die junge Mutter ignorierte das fremde Kalb völlig. Wenn wir die Rinderhaltung verbessern wollen, bräuchten wir einen guten Stall, der den Kontakt mit den Tieren erleichtert. Es gibt noch weitere Projekte, die von uns Planung, Zeit und Geld erfordern. So muss unser versandeter Brunnen komplett saniert werden. Unsere Kläranlage ist durch die Entwicklung des Hofes zu klein geworden und entspricht nicht mehr den Anforderungen des Landkreises.

Insgesamt sind durch das **Wachstum** des Betriebes die Kosten gestiegen. Obwohl wir zum Beispiel sparsam mit Energie umgehen, müssen wir pro Kilowattstunde einen wesentlich höheren Preis bezahlen als die Massentierhalter, da diese eine Ausnahme von der Ökosteuer bekommen, weil sie ja entsprechend viel verbrauchen.

Die Arbeit wächst uns manchmal fast über den Kopf. Die Hoffnung auf eine dauerhafte volle zweite Gesellenstelle mussten wir begraben, als wir den neuen Wirtschafts- und Finanzplan zusammengestellt hatten.

Bei unseren **Bienen** hatten wir wieder erhebliche Verluste. Der Einzugsbereich dieser Tiere ist größer als unser Hof. Daher kommen sie auch mit Pestiziden in Kontakt, die sie erheblich schwächen können und die ihre Widerstandskraft gegen die Varroamilbe und anderen Umweltstress schwächt. Wir brauchen eine größere giftfreie Zone, mehr blühende Pollen tragende Landschaftselemente, wie Hecken, und weniger Monokulturen. Wir selbst haben auf all unseren Mais- und Getreidefeldern Blühstreifen angelegt.

Das weltweite Bienensterben ist für viele nachdenkliche Menschen ein Schock. Durch die Industrialisierung der Landwirtschaft haben sich auch viele Landwirte von der Bienenhaltung entfremdet. Die Biene ist unser einziges domestiziertes Insekt, ein tiefes Symbol für Landbaukultur und Fleiß. Die griechische Göttin Melissa stand Pate für die Biene, Heute ist die Biene zur Honiglieferantin und Bestäubungsmaschine degradiert worden. Aber gemeinsam haben wir in Europa einen kleinen Erfolg errungen. Kürzlich wurde eine Gruppe bienengefährlicher Insektizide verboten, die **Neonikotinoide**. Chemiekonzerne wie Bayer haben sich dagegen mit aller Kraft gewehrt. Aber die Petition von Bürgern, Bauern und Imkern, mit über 2 Millionen Unterschriften, sowie zahllose Anrufe bei Politikern haben - zumindest vorläufig - ein zweijähriges Verbot erwirkt.

Unsere Obstbäume hatten wunderschöne Blütenstände. Wir hoffen, dass dies endlich ein Zeichen für gute Erntechancen ist.

Mit den besten Frühlingswünschen, euer Team vom CSA Hof Pente

Maya füttert den Eber

Morgenstunden in Pente

Nachrichten vom Hof Juli 2013

Der sonnige, lebensfrohe Juni konnte in diesem Jahr seine Wachstumskräfte voll entfalten. Mitsommernacht und der längste Tag des Jahres sind nun vorbei. Die Fülle der Jahresernte erwartet uns. Eine trockene Heuwetterwoche ermöglichte eine reiche Heuernte. Frisches, duftendes, trockenes Gras wurde ohne Regen in riesige Rund- und Quaderballen gepresst. Weit über 50 Stück, jeder bis zu 400 kg schwer. Selbst die Obstbäume, die uns in den letzten Jahren nicht verwöhnt haben, versprechen dieses Mal eine reiche Tracht.

Eine **Nachtigall** hat sich nach Jahren der Abstinenz in diesem Jahr wieder bei uns eingenistet. In den frühen Morgenstunden lässt sie ihre unnachahmliche Melodie erklingen. Und die fleißigen Rauchschwalben sirren durch die Lüfte, um ihre Jungen zu füttern. An vielen möglichen Orten, wie Diele, Scheune und Ställe, und unmöglichen, wie Wohnzimmer und Werkstatt, hatten sie versucht, ihr schlammhaltiges Baumaterial an Wänden, Balken und Decken anzubringen.

Die **Bienen** mussten ein kaltes ungemütliches und trachtarmes Frühjahr durchleben. Die bereits angesammelten Honigvorräte benötigten sie daher wieder als Energiereserve für die Temperaturerhaltung ihrer Brut. Aber im Juni schwärmten sie wieder aus, um reichlich Pollen und Nektar der Wildblüten einzusammeln.

Die ersten **Frühkartoffeln** „Annabelle" konnten nun Ende Juni geerntet werden. Etwa zwei Wochen später als im letzten Jahr. Glücklicherweise haben die Lagerkartoffeln wunderbar gehalten, so dass es überhaupt keinen Engpass gab. Das duftige Kartoffelaroma und der leckere Geschmack haben sich so gut entwickelt, dass viele Mitglieder immer noch die vorjährigen Lagerkartoffeln den frischen Frühkartoffeln vorziehen.

Die **Nacktgerste** entwickelt sich nach dem zweijährigen Kleegras prächtig. Daher hoffen wir auf eine gute Ernte. Wir sind gespannt, ob sie für uns eine schmackhafte Alternative zum Reis werden kann. Auch das übrige Getreide hatte bislang noch nicht unter Wassermangel zu leiden. Aber in den Gärten wurde schon hin und wieder Wasser erforderlich, um vor allem die Salate und Kohlpflanzen anwachsen zu lassen.

Der **Futtermais** leidet in diesem Jahr an einigen Stellen unter stärkerem Distelbesatz. Während wir zwischen den Reihen mit der Maschine hacken können, ist das in der Reihe zwischen den Pflanzen nicht möglich. Dankenswerterweise haben sich mehr als 20 fleißige Mitglieder und Hofbewohner bereit erklärt, an zwei Samstagen mit Handschuhen ausgestattet, den Kampf mit den ungeliebten Stachelträgern aufzunehmen.

Unsere gute **Altsau Mercedes** hat neue A-Klasse Ferkelchen geworfen. Munter sausen nun elf kleine

Schweinchen über den Kartoffelacker.

Den **Coburger Füchsen** wurde es im Juni in ihrem Wollmantel allmählich zu heiß. Unter großer Anteilnahme der Kinder vom Kinderbauernhof wurden sie fachgerecht vom Schäfer von ihrer Winterkleidung erlöst. Mittlerweile haben die Kinder die Wolle in einem Bottich fleißig gewaschen und zum Trocknen auf die Leine gehängt. Das **Sommerfest** des Kinderbauernhofs wurde dank des herrlichen Wetters und der fantasievollen Gestaltung durch Eltern und Erzieherinnen ein voller Erfolg. Spiele und die Musik des Hoforchesters sorgten für fröhliche Gesichter.

Auch das dritte **Hofkonzert** in unserem Mehrzweckraum gestaltete sich für die Anwesenden zu einem temperamentvollen Klangerlebnis. Das motivierte auch die Vögel hinter dem offenen Waldrandfenster, vor dem innen das Sextett erklang, außen mit einzustimmen. Dazu ließ die goldene Abendsonne hinter der Bühne die alten Eichen in feurigen, goldgrünen Farbtönen erleuchteten. Ein Abend, der keine Wünsche offen ließ, wie die Presse es formulierte.

Die diesjährige **Mitgliederversammlung** verlief sehr engagiert und das gute Feedback der Mitglieder brachte für unser Gemeinschaftsprojekt neue Schaffensenergie. Dabei musste auch das leidige Finanzierungsprogramm abgearbeitet werden. Deutlich wurde, dass es trotz des großen Erfolges, was Teilnehmerzahl und Wirtschaftskraft betrifft, ohne ehrenamtlichen Einsatz und vielfältige Hilfe wirtschaftlich noch nicht völlig tragfähig ist. Der Wirtschaftsplan wurde nach einem vereinfachten Cashflow Modell vorgestellt: d.h., der Zahlungsstrom (Ein- und Ausgänge) steht im Mittelpunkt. Abschreibungen und Rückstellungen werden dabei nicht berücksichtigt. Sobald die Ergebnisse der steuerlichen Führung für die vergangenen Wirtschaftsjahre vorliegen, werden wir sie für alle Mitglieder zugänglich machen. Diskutiert wurde auch, inwieweit sich Mitglieder mit Einlagen an der Schuldentilgung oder gegebenenfalls an Landkauf beteiligen können. Angeregt wurde, das neue Hofbuch als informatives und zugleich nützliches „Geschenk für alle Fälle" zu nutzen, um mit dem Erlös die Brunnensanierung zu unterstützen. Zum Schluss sorgte die Uraufführung des CSA-RAPs für eine fröhliche Aufbruchsstimmung.

Eine andere Stimmung kommt von der Konzernfront. Über den Weg des geplanten **Freihandelsabkommens** zwischen den USA und Europa könnten die Strategien der Handelskonzerne dazu führen, dass der bisher erreichte Verbraucherschutz bei Lebensmitteln weiter ausgehöhlt wird. Also: Markt frei für Gentechnik, chlorverseuchtes Fleisch und höhere Grenzwerte für Pestizide in der Nahrung? Gerade hat bereits die EU-Kommission die zulässigen Rückstandswerte für das gefährliche Nervengift **Endosulfin** um das Zehnfache! erhöht. Das ehemals von Hoechst hergestellte Agrargift unter der Bezeichnung **Thiodan** erreichte eine traurige Berühmtheit, als im Juni 1969 10.000de Fischkadaver die Ufer des Rheins verseuchten. Die Heuschrecke *Monsanto* geht derweil weiter auf Beutezug. Kürzlich hat sie große Teile des mittelständischen niedersächsischen Züchtungsunternehmens *Diekmann Seeds* übernommen. Die Geschäftsbereiche Raps und Roggensaatgut und der Vertrieb von Mais und Sonnenblumen werden damit weiter monopolisiert.

Auch wir bleiben von den Auswirkungen von Monopolisierung und Patentierung nicht verschont. Unser **lustiges CSA-Logo** mit springendem Schweinchen oder galoppierendem Rind darf nicht mehr übers Internet in unserem Fanshop vertrieben werden und ist damit quasi verboten. Der Grund? Die Heuschrecke *Puma* hat alle springenden Tiere auf Logos per Patentamt für sich reklamiert.

Herzliche Sommergrüße

euer CSA Team vom Hof Pente

Sommermusik

Mähdrescher

Nachrichten vom Hof August 2013

"Der Boden ist der Magen der Pflanze"
Aristoteles

"Die Aufgabe des Landwirtes ist es, den Boden so zu bewirten, dass er keine Magenverstimmung bekommt"
Charles Darwin

Die glutheiße Sommersonne hat im Juli das Temperaturregiment übernommen. Das diesjährige Wetter befindet sich nicht gerade im Lot. Der Winter war zu lang und dunkel, das Frühjahr zeitweilig zu nass und jetzt fehlt das Wasser.

Ohne eine gezielte **Wasserführung** würde in diesem Jahr das Freilandgemüse nicht gelingen. Das heißt: gut beobachten und nachts mehrfach aufstehen, um die Regner umzustellen. Unseren Brunnen haben wir jetzt weiter ausgebaut. Die Ergebnisse sind, was die Wassermenge betrifft, viel versprechend. Die in der heißen Sonne liegenden Schweine sind vor Freude in die Luft gesprungen, um das kühle Nass des ersten Probepumpens zu genießen. Sie liebten es, sich im Schlamm zu suhlen, bis sie pechschwarz waren.

Unter **Trockenheit** leiden auch Getreide und Mais. Während die Nacktgerste schon reif ist und einen guten Eindruck macht, hat der Roggen wegen der Trockenheit auf den sandigen Böden nur kleine Körner ausbilden können. Der Mais zwirbelt in der

Gluthitze seine Blätter zusammen. Auch vom Dinkel sind keine hohen Erträge zu erwarten.

Der Mähdrescher, die Lagersilos, Schnecken und Elevatoren werden für die anstehende **Ernte** vorbereitet. Eine gründliche Reinigung mit Bürste und Industriestaubsauger ist Voraussetzung für die Verhinderung von Schädlingsbefall, da wir keine chemischen Lagerhilfsstoffe einsetzen.

Gut entwickelt haben sich die leckeren **Frühkartoffeln**. Die rotschaligen *Rhode Erstling* sind als in Öl gebackene Ofenkartoffeln ein Genuss. Und die *Annabelle* hat sich als frühe festkochende Sorte wieder einmal bewährt. Die späteren Lagerkartoffeln der Sorte *Linda* haben in diesem Jahr ihr großes Wachstumspotenzial nicht ausschöpfen können. Durch die Trockenheit bedingt, erwarten wir eine etwas geringere Ernte mit durchschnittlich kleineren Kartoffeln.

Die zweite **Heuernte** fiel infolge des Wassermangels ebenfalls sehr bescheiden, aber qualitativ hochwertig aus.

In den **Gewächshäusern** gedeihen die Gurken zurzeit prächtig. Die fruchtige Tomatenzeit ist angebrochen und verspricht ebenfalls ertragreich zu werden. Die Hummeln haben fleißig gearbeitet. Überall an den Tomatenblüten sieht man die braunen Klammerstellen, die sie beim Bestäubungsanflug hinterlassen haben. Erst diese Fremdbefruchtung bringt den wirklich guten Geschmack. Die ersten Möhren bereichern den Gemüsetisch. In einer aktuellen Studie wurden Qualitätsunterschiede von Möhren aus biodynamischer, konventioneller und Hybridzüchtung verglichen. Im Bremerhavener Technologie Transferzentrum TTZ wurde eindeutig festgestellt, dass die Möhren aus biodynamischer Züchtung besser schmecken als die anderen Sorten. Leider erteilt das **europäische Patentamt** in München derzeit wieder vermehrt Patente auf Pflanzen. Bereits jetzt gehören über 50 % in der EU registrierten Tomaten, Paprika und Blumenkohlsorten den beiden Konzernen *Monsanto* und *Syngenta*.

Gut sieht es derzeit noch im **Obstgarten** aus. Hoffentlich wird der üppige Fruchtansatz nicht ein Opfer der Trockenheit.

Unsere **Kuhherde** hat Nachwuchs bekommen. Ein gesundes braunes Limousin-Kälbchen folgt seiner Mutter oder springt durchs Gras. Unser letztes **Lämmchen** wurde im Juli, also sehr spät im Jahr, geboren. Das braune Wollknäuel war so winzig, dass wir Mutter und Böckchen auf die Diele gebracht haben, um sie geschützt die ersten Tage überleben zu lassen. Mittlerweile sind beide Schäfchen wohlgemut bei ihrer Herde.

Mehr als 20 junge **Ferkelchen** erfreuen sich bester Gesundheit, genießen die Muttermilch und machen den Wühlmäusen Konkurrenz.

Bei den **Hühnern** haben wir den geplanten Wechsel vorgenommen. Die Alt-Hennen wurden sortiert und etwa 100 von ihnen genießen ihre Seniorenresidenz im Selbstbau-Mobilstall. Sie legen nach der

Mauser bereits wieder über 70 Eier täglich. 225 neue weiße Junghennen bevölkern mittlerweile das gründlich gesäuberte Mobil. Aber erst nach und nach kommen sie in Legestimmung. Die noch kleinen Junghenneneier strahlen schneeweiß wie die Hennen. Umso genauer sieht man die erdigen Spuren der Hühnerfüße. Aber wir säubern die Eier grundsätzlich nicht. Wasser würde die antibiotische Wachsschutzschicht auf der Eierschale beeinträchtigen, die das Ei vor eindringenden Keimen schützt. Noch immer offen ist die Diskussion über die Frage, ob wir nicht eine eigene Geflügel-Zucht betreiben wollen.

Die **Honigernte** ist witterungsbedingt bescheiden ausgefallen. Den Frühjahrshonig brauchten die Bienen aufgrund niedriger Außentemperaturen selbst für die Erhaltung ihrer Brut. Und für eine ergiebige Sommertracht fehlte die notwendige Blütenfeuchte.

Unsere **Auszubildenden** sind in den aktuellen Prüfungen sehr erfolgreich gewesen. **Jan** hat die staatliche Prüfung in der Landwirtschaft und **Jürgen** für den Gartenbau abgeschlossen. Beiden herzlichen Glückwunsch!

Viele, hoffentlich alle? haben es bemerkt: Der gesamte **Waldweg** ist mit einem Gräder bearbeitet worden. Die neu gestaltete Oberfläche erleichtert den Regenwasserabfluss. Für die permanente Schlaglochpflege liegt noch Mineralgemisch bereit, das wir von Zeit zu Zeit einbringen wollen. Hintergrund für diese Entwicklung war ein Gespräch mit der Bürgermeisterin Frau Höltermann. Sie und die Försterin Frau Scholz haben für eine zügige Wegeverbesserung mit einfachen Mitteln gesorgt. Beiden herzlichen Dank!

Der Appell auf der Mitgliederversammlung bezüglich der Ablösung der teuren **Bankkredite** durch Mitgliedereinlagen - begünstigt durch die derzeit unglaublich niedrigen Guthabenzinsen - war erfolgreich. Bereits jetzt kann die Hälfte des Hochzinskredites abgelöst werden. Weitere Gespräche mit den Mitgliedern, die ihr Engagement mitgeteilt haben, werden stattfinden.

Übrigens, **CSA** wird mittlerweile auch als Abkürzung für **Climate Smart Agriculture** übersetzt.

Eine Landwirtschaft, die durch ihre Wirtschaftsweise das Weltklima schont. Von dieser Schwerpunktsetzung ist unsere **Agrarpolitik** noch weit entfernt. Der jüngste G8 Gipfel in Irland scheint sich besonders weit von den realen Problemlagen entfernt zu haben. Um den Teilnehmenden eine heile Welt vorzugaukeln, so wird berichtet, wurde der Konferenzort mit einer künstlichen heile Welt Landschaftskulisse umgeben und sogar die Pubfenster mit elektrischen Projektorbildern versehen, um reales Leben romantisch vorzutäuschen.

Und was die Verhandlungen für die geplante US europäische **Freihandelszone** betrifft, liegt das Ziel der USA mittlerweile voll auf der Hand: die Überschwemmung des europäischen Marktes mit

Hormonfleisch, Chlorhähnchen, Gentechnik und antibiotisch belastetem Fleisch. Darauf setzt auch der eng mit der US-Regierung verfilzte Gentechnik- und Pestizidkonzern **Monsanto**, der sich in letzter Zeit auffällig zurückhält. Denn in diesem Kontext kann er die europäischen Standards leichter unterlaufen. Bekannt geworden ist, dass sowohl die G8 Gespräche, als auch die Vertretung der EU in den USA von den angloamerikanischen Geheimdiensten abgehört wurden, um sich entsprechend vorbereiten und durchsetzen zu können. (Siehe auch: «stell dir das Internet als Waffe vor». Im globalen Kampf um die Gentechnik setzt der US Konzern auf zweifelhafte Methoden, seltsame Helfer und die Macht Washingtons. Kritiker des Konzerns fühlen sich ausgespäht. In: Süddeutsche Zeitung vom 13. Juli 2013). Hier machen auch die Abhörstrategien der NSA Sinn. Es geht weder um die Liebesbriefe von Tante Emma noch um Bin Ladens Genossen...

Dabei werden von der Bundesregierung in keiner Weise die Möglichkeiten der derzeitigen **EU-Agrarpolitik** für einen verbesserten Verbraucherschutz und Erhaltung einer umweltfreundlichen Landwirtschaft ausgeschöpft. Bundeslandwirtschaftsministerin Ilse Aigner hat die von Brüssel ermöglichte Umschichtung von 15 % der Fördermittel für die Ökologisierung auf Grund des Drucks der Agrarmafia abgelehnt.

Kürzlich hat eine Studie der Universität Göttingen festgestellt, dass bereits 70 % der Bundesbürger

Glyphosat im Blut haben. Mittlerweile wird dieses heimtückische Gift auf 39 % der Ackerfläche versprüht. Mehr als 100.000t davon werden jährlich hergestellt. Eine Tierärztin berichtete uns kürzlich von den verheerenden schleichenden Wirkungen auf Tier und Mensch. Sie zeigte uns Bilder von schrecklichen Missbildungen bei Tierbabys. Glyphosat stört nicht nur die Embryonalentwicklung, sondern ist in der Lage, eine Übersteuerung des Immunsystems auslösen. Auch die Zunahme spezieller Krebsarten sei erkennbar. «Aber was ist für einen Pharmakonzern besser, als ein chronisch kranker Patient?» fragte sie. Dabei sind diese Formen der Agrargifte auch eine Art missbräuchlicher Chemotherapie des Bodens. Sie schädigen wesentliche Selbstregulierungsfunktionen des Bodenlebens. Dieses habe auch Auswirkungen auf die Zunahme von Mykotoxin Gefahren. Denn die natürlichen Gegner der Pilze sterben ab. Trotzdem sei der Rückstandswert bei Glyphosat von 0,1 auf 10 mg erhöht worden - auf das 100 fache. Die EU hat seltsamerweise die Prüfung der Neuzulassung dieses Giftes auf 2015 verschoben. Dabei haben die Deutschen diesmal die Berichterstatterfunktion.

Mit den besten Sommergrüßen und der Hoffnung auf mehr Regen

euer Team vom CSA Hof Pente

Beikräuter abflammen

Gemeinsame Rote Beete ernten

Bentheimer Schweine bekommen Wasser

Frühkartoffeln ernten

Nachrichten vom Hof September 2013

"Ein Tag im Juli ist wie eine Woche im August und der ganze September."
Bauernweisheit für die Einsaat der Zwischenfrüchte

Der **August** zeigt schon deutlich verkürzte Tage. Die überbordenden Sonnenkräfte lassen nach und die frische klare Luft erinnert schon an den Frühherbst.

Bei der **Getreideernte** konnten wir in den ersten Augusttagen die Sommerhitze gut nutzen. Dinkel, Roggen und Nacktgerste wurden an zwei Tagen mit unserem eigenen Mähdrescher geerntet, der in diesem Jahr schon sein 34. Einsatzjahr auf dem Buckel hat. Nach einer gründlichen Durchsicht wurden das Kurzstrohsieb repariert, der Halmabweiser geschweißt, die Einzugskette repariert, der Fahrvariatorriemen erneuert und alle Lager nachgesehen. An nur zwei Tagen im Jahr konnte der Metalldinosaurier sein Bestes geben, um dann 363 Tage im Jahr mit hohem Platzverbrauch weiter zu schlafen. Sollten wir ihn nicht doch verkaufen bzw. verschrotten? Haben wir uns gefragt. Aber der Vorteil ist immer noch die absolute Gewissheit, keine Pestizidkörner im Tank zu haben und dann dreschen zu können, wenn Wetter und Reifezustand optimal sind. In diesem Jahr haben wir das Getreide mit nur 12 % Feuchte ernten können! Lagerfähig ist es bereits bei 14 %, so dass wir es überhaupt nicht nachtrocknen mussten. Diesmal haben wir auch Erbsen, Bohnen und Lupinen geerntet, um eigenes Saatgut für die Gründüngung der Felder zu haben.

Die **Silozellen** haben alle einen neuen Einstieg bekommen, so dass sie leichter ohne todesmutige akrobatische Leistungen zu reinigen sind. Jürgen hat die gesamte elektrische Steuerung mustergültig erneuert und auch die neue/alte Reinigung ist wieder in Betrieb.

Dann hieß es, schnell den Ackerboden zu bearbeiten und die **Zwischenfrüchte** einzusäen, denn (siehe oben) die Wachstumsimpulse der Sonne lassen rasch nach.

Die neuen weißen **Hühner** sind merklich dynamischer und abenteuerlustiger als unserer braunen Seniorinnen. Sie halten die Absperrungen für lustige Flugübungseinrichtungen und mussten in den ersten Wochen noch abends von den Bäumen gepflückt werden. Ihre grenzenlose Neugier macht auch vor der familiären Welt des Menschen nicht halt. Ein Huhn musste neulich vom Erholungsurlaub auf dem Stubensofa rückgeführt werden. Ein anderes legte ein schneeweißes Ei in Bastis Bett im Bauwagen.

Um unseren **Getreideanbau** mit der züchterischen Entwicklung von biodynamischen Sorten zu verbinden, die mehr Unabhängigkeit von den großen Saatgutkonzernen schaffen könnte, beteiligen wir uns künftig an einem neuen Projekt von Demeter-

Züchtern und -Bäckern. Dabei werden wir untersuchen, welche Sorten und Anbauformen die besten Ergebnisse bringen. Unsere engagierten Bäcker sind vor allem interessiert, bessere Qualitäten und Spezialitäten zu entwickeln.

Die vielfältigen **Bauarbeiten** auf dem Hof gehen weiter. Der erneuerte Brunnen bringt jetzt so viel Wasser, dass er gleichzeitig fünf Regner bedienen kann. Neben der Generalüberholung der Getreidelagerungsanlagen haben wir auch im Außenbereich Straßen- und Tiefbau betrieben. Das zweite Kühlhaus ist nun mit dem Stapler erreichbar, weil die Zuwegung gepflastert wurde. Vorher mussten die Abwasser-, Regenwasser- und Stromleitungen neu verlegt werden. Auch auf der Zuwegung wurde ein Gully installiert, um das Regenwasser besser abfangen zu können. Zur Freude der trockenen Füße der Erwachsenen und zum Leidwesen der Kinder, die nun weniger Pfützen für ihre Schiffchen haben. Einige haben es vielleicht bemerkt: Vor der Haupteingangstür soll ein Vorraum entstehen, wo die vielen Mitarbeitenden die Arbeitskleidung, besonders ihre erdverschmierten Schuhe und Stiefel ablegen können, wenn es zu den Mahlzeiten geht.

Auch die **Energiefrage** beschäftigt uns immer wieder. Als zukünftig neues Hofauto haben wir uns einen günstigen Kombi mit **Elsbettmotor** besorgt. Eine raffinierte Entwicklung des Erfinders Elsbett, die auf einen großen Motorkühler verzichtet und mit allen Ölen, auch Pflanzenöl, läuft. Bei 90 PS kommt er, ohne unübersichtliche Elektronik, mit weniger als 4 l auf 100 km aus. Er war bereits vor 20 Jahren Testsieger aller »Öko« Autos, was der ADAC in seiner Listung bislang verschwiegen hat. (Dieser Test wurde von einem großen Mineralölkonzern gesponsert). Mal sehen, ob wir dieses Mobil wieder zugelassen bekommen.

Wie die großen Energiekonzerne über die Medien und das Bundeswirtschaftsministerium die **Energiewende** tot zu reden versuchen, ist nun täglich zu sehen. Wer glaubt, dass die vier Großen den Kuchen mit 100 tausenden Bürgern, die selbst aktiv Sonne Wind und Biomasse nutzen, freiwillig teilen würden, der glaubt auch, dass ein Zitronenfalter Zitronen faltet. In diesem Zusammenhang haben wir auch überlegt, wie wir bei Stromausfall unsere Kühlhäuser betreiben können. Auch für die Heizung brauchen wir, trotz hundertprozentiger Holzhackschnitzel Nutzung, für die Umwälzpumpen Strom, sonst könnten im Winter die Leitungen einfrieren und platzen. Eine Idee ist, ein gebrauchtes Notstromaggregat aufzubauen und damit die Versorgung zu sichern. Auf den ersten Blick: Generator oder Brandversicherung braucht man nicht täglich. Nur wenn es zu spät ist, weiß man, dass man sie gebraucht hätte. Solche Ideen würden wir kaum entwickeln, wenn nicht **Jürgen**, Mitglied der ersten Stunde und hilfreicher Fachmann, uns fast täglich mit Rat und Tat zur Seite stünde. Wie viele Leitungen, wie viele Absperrhähne und Beregnungsanlagen von ihm schon verlegt und angebracht wurden, ist kaum noch zu überblicken. Sicherheit steht für ihn an erster Stelle. Wenn er wieder mal ein Anschlusskabel von einer Maschine mit dem scharfen Seitenschneider gekappt hat, schaut man ihm fragend in die Augen und fragt vielleicht: Musste das sein? Es funktionierte doch. Dann schaut er einem ernst in die Augen und zeigt auf das geflissentlich im Alltagsstress übersehene Übel: Plötzlich springen einem die brüchigen Kabelstellen und halb verschmorten Stecker in die Augen und man erkennt: Ja, das musste wohl sein. **Danke Jürgen!**

Den neuen **niedersächsischen Landwirtschaftsminister**, Christian Meier, hatten wir bezüglich der bäuerlichen Agrarwende angeschrieben. In seiner Antwort unterstützte er einige unserer Punkte, etwa einfachere Vorschriften zur Freilandhaltung von Hühnern oder förderungsrechtliche Gleichstellung von bestehenden Biobetrieben mit neuen Umstellungsbetrieben.

Das Thema **Essen** und **Nahrungsmittelproduktion** der Zukunft beschäftigt derzeit verstärkt die Medien. Der »Stern« berichtete in seiner Titelstory über die »Zuckermafia«, der »Spiegel« über die industrialisierte Form der Lebensmittelproduktion und die »TAZ« über die Ergebnisse der langjährigen Versuche der niederländischen Kunstfleischherstellung in Retorten. Es ist immer wieder erstaunlich zu sehen, welche Vorstellungen Redakteure und Konsumenten von der realen Nahrungsmittelerzeugung haben, die ja als Werbung romantisierend gepflegt und gerade von der industrialisierten Agrarproduktion irreführend benutzt werden. Kaum ein Hersteller verzichtet auf seinen Verpackungen auf frei laufende Tiere in frischem Grün. Dazu ein konkretes Erlebnis, das die Widersprüchlichkeit deutlich macht. Bei dem Besuch eines kleinen Demeter Betriebes in der Nähe von Bielefeld, der auch ein idyllisches Restaurant auf seiner ehemaligen Kuhstalldiele betreibt, erzählt uns der Bauer folgendes: Wenn die Geschäftsführung des Nahrungsmittelkonzerns **Dr. Oetker** in Bielefeld besondere Gäste hat, werden sie gerne auf Firmenkosten in den ehemaligen Stall des Demeter Hofes eingeladen, um sich vom Bauern und seiner Frau mit Biokost bewirten zu lassen. Da bleiben die Fertigpizzen und -puddinge außen vor. Bekannt ist auch, dass die Eigentümer der Marken »Mars« und »Snickers« etc. ihren Kindern verboten haben, sich die eigenen Produkte einzuverleiben.

Aktuell wurde öffentlich, dass die Bürger von den zuständigen Behörden, was den **Antibiotikaverbrauch** betrifft, jahrelang beschwindelt worden sind. Ein ehemaliger Südoldenburger Veterinär packte aus. Auch das Bundesamt für Verbraucherschutz und Lebensmittelsicherheit musste nun seine Angaben dramatisch nach oben korrigieren. Danach haben die Pharmakonzerne jährlich mehr als 1,7 Millionen kg Antibiotika für die Tierhaltung ausgeliefert. Dabei allein 700.000 kg in den Postleitzahlbereichen um 49 (Diepholz, Osnabrück, Vechta). Wie wäre es auch sonst möglich, in 33 Tagen ein Hühnchen auf 1,6 kg zu mästen? Vor 50 Jahren brauchte man mindestens zwei Monate, um ein Huhn auf ein Gewicht von 1 kg zu bringen. Ist es da ein Wunder, dass viele Antibiotika, wenn es ernst wird, beim Menschen nicht mehr wirken?

An der **Glyphosatfront** scheint sich etwas zu bewegen. Nachdem bekannt wurde, dass in Lateinamerika etwa 25.000 Bauern an den Folgen dieses Pestizids gestorben sind, will El Salvador als erstes Land den Einsatz dieses Giftes völlig verbieten. Auch Österreich will die Sikkation (das Totspritzen von Nahrungspflanzen vor der Ernte) demnächst unterbinden. Nur in Deutschland tut sich nichts, obwohl bereits etwa 70 % der Bürger das Gift Glyphosat im Blut haben.

Übrigens: wir sind in die Endauswahl von fünf Betrieben in Deutschland für den »Förderpreis Ökologischer Landbau« gekommen. Wir freuen uns natürlich darüber.

Herzliche Grüße, Euer Team vom CSA Hof Pente

Sommerdialog

Schülerpraktikanten

Nachrichten vom Hof Oktober 2013

Als bunte Vorboten des **Frühherbstes** färben sich die ersten Ahornblätter blutrot. Der Morgentau legt glitzernde Perlen auf die Seidennetze zwischen den Pflanzen. Und die Vogelbeeren entfalten ihre leuchtende Farbenpracht. Unsere alten Eichen bilden eine Unmenge Eicheln aus. Das könnte eine Vorahnung für einen strengen Winter sein. Die Schwalben haben die Nester auf der großen Diele verlassen und sich auf ihre weite Reise nach Ägypten begeben.

Eine ungewöhnliche Geburt hatten wir in unserer Schafherde. Normalerweise kündigen **Lämmchen** als Vorboten das »Früh-lings-erwachen« an. Aber nun ist Ende September ein Coburger Füchslein gewissermaßen als »Spät-rechts-phänomen« angekommen.

Unsere Tierwelt auf dem Hof ist nun um einen **Fischreiher** erweitert worden. Seit mehreren Wochen begleitet der grau befrackte Vogel mit großem Interesse die Kuhherde. Neuerdings hat er sich mit den Schafen angefreundet. Mitten unter ihnen genießt er als akzeptierter Begleiter das soziale Leben der Lämmer.

Die Ernte der **Lagerkartoffeln** fand am 3. September statt. Sechs Menschen auf dem Vollernter nahmen die erste Sortierung vor. Die Steine werden herausgegriffen und haben nun bereits Verwendung in den Schlaglöchern der Wege gefunden. Der trockene Sommer hat den Ertrag um rund 30 % vermindert und die Durchschnittsgröße der Erdäpfel begrenzt. Allerdings ist zwischenzeitlich der Wassermangel im Boden durch hohe Niederschläge im September behoben, von etwa insgesamt 100 mm, das sind 100 l/m². Die Nässe hat die Aussaat der Zwischenfrüchte zur Gründüngung erheblich verzögert.

Ende September wurden etwa 9.500 **Rote Beete** geerntet und in den Sand des Erdkellers eingelagert. 4.800 Hokkaido **Kürbisse** sind in Kisten verpackt und warten in der kühl dunklen Diele auf ihre Verwendung.

Am 25. September fand der **Sauerkraut-Mitmachtag** statt. Mehr als 20 Menschen schnippelten und hobelten die zuvor gründlich gesäuberten Kohlköpfe. Das 1000 l Edelstahlfass füllte sich bis fast zum Rand. Lorbeerblätter, Salz und Sekt starteten den Milchsäuregärungsprozess. Der Deckel ist mit einer Wasserschicht luftdicht verschlossen und eine Dokastütze für Stahlbetondecken dient als Presse. Unsere hilfsbereite Hedwig hielt die fleißige Arbeitsgruppe mit über 500 lecker duftenden Kartoffelpuffern, Kaffee und Kuchen bei Kräften. Danke!

Die **Apfel- und Pflaumenbäume** brechen teilweise unter der Last ihrer reifen Früchte. Etliche Mitglieder haben sich bereits versorgt. Wir werden etwa 150 Flachkisten mit Pflückäpfeln im Keller einlagern. Wenn es klappt, planen wir noch eine Fallobst-Most-Aktion.

Winnes Geiger und Andrea Köttker haben 44 **Apfelbäume** gekennzeichnet, jeweils vier Probeäpfel verpackt und die Kiste zu einem Pomologen geschickt. Dadurch wollen wir demnächst alle Sorten kartieren, damit unsere Mitglieder eine zuverlässige Apfelbestimmung haben.

Die **Bienen** bereiten sich langsam auf die blütenlose Zeit vor. Martin und Lukas können etwa 20 Völker einwintern. Obwohl die diesjährige Honigernte bescheiden war, hoffen sie doch auf einsatzfreudige Frühjahrsvölker.

Die **Tomatenernte** neigt sich dem Ende zu. Mehltau legt sich auf die Pflanzen und sie müssen demnächst den Wintersalaten in den Gewächshäusern weichen. Manche haben vielleicht schon die neu gestalteten Lüftungsklappen im großen Gewächshaus gesehen. Unser Mitglied André Freye hat sie gestiftet. Und Tobias wählte die Frucht tragenden Zwerge, sowie das Kirchenfenster von Chartres als Motive aus, damit das Profane auch einen sakralen Touch bekommt.

Mittlerweile ist auch unsere neu entwickelte pneumatische **Dammkultur-Sämaschine** im Einsatz. Erste Versuche haben eine hohe Aussaatpräzision ergeben und eine Mengenspreizung von 2,5-400 kg Saatgut pro Hektar. Der Vorteil ist, dass man mit einer Überfahrt, bei einer Arbeitsbreite von 3,60 m, sowohl den Boden bearbeiten, als auch gleichzeitig zwei Sorten aussäen kann.

Am 13. September fand unser mittlerweile viertes **Hofkonzert** statt. Die Zuhörerschaft hat sich mittlerweile mehr als verdoppelt und sie wurde durch einen Spielfreude ausstrahlenden Abend begeistert. Anna-Sophie Becker sei Dank hat sich der Kulturimpuls im Bereich Singen und Musizieren auf dem Hof weiter entwickelt. Dienstag abends trifft sich in der Regel der Hofchor zur Übungsstunde. Und werktags beginnt der Morgen um 7:30 Uhr mit einem gemeinsamen Lied.

Der **pädagogische Impuls** des Hofes hat mittlerwele überregionale Formen angenommen. Auf einer Tagung an der Alanus Hochschule in Alfter bei Bonn, die Tobias maßgeblich mit gestaltete, haben sich mehr als 100 Teilnehmende mit einer anderen Form von Bildung befasst, die konkret in der Praxis der Tätigkeit verankert ist. Hier spielen auch die Erkenntnisse der neueren Hirnforschung (zum Beispiel Gerald Hüther) eine Rolle. Rosalind Kühnert-Hall stellte in diesem Zusammenhang die Arbeit unseres **Kinderbauernhofes** vor. Inzwischen ist darüber auch eine kleine TV-Produktion auf unserer Homepage vertreten. Mittlerweile haben auch einige Mitglieder die neuen CSA Videoclips gesehen, die in einem gemeinsamen Projekt unter anderem mit der Fachhochschule Münster entstanden sind. Ein Nebenprodukt des Projektes »make CSA« ist eine neue CSA **Postkartenserie**. Vier von sechs Motiven stammen von unserem Hof. Beim Brotwagen erhältlich.

Bei strahlendem Sonnenschein konnten wir am Freitag den 27. September unser **Erntedankfest** feiern. Gut gelaunte Mitglieder stellen sich gegenseitig ihre Leckerbissen vor. Martin sprach einige Sinnfragen im Zusammenhang mit der Erntedankfest-Tradition an. So zum Beispiel den Spannungsbogen zwischen »Landwirtschaft« als Wirtschaftsträger, oder, wie im englischen »agriculture«, als Kulturträger.

Andreas Geiger begeisterte die Kinder, und nicht nur sie, mit seinem fantastischen **Märchentheater** von Hase und Igel.

Und die Teenies konnten selbst Nerven zerfetzende **Kletterabenteuer** mit der hochseilgestützten Kistenkletterakrobatik unternehmen. Auch hier Dank an die engagierten Mitglieder.

Und der **Besucherstrom** reißt nicht ab. Er reichte im vergangenen Monat vom Studienbereich Landpädagogik der Universität Wien bis zum regionalen ErzieherInnentreffen.

Übrigens hat uns der Landkreis Osnabrück auf Vorschlag von Mitgliedern mit dem diesjährigen **Naturschutzpreis** ausgezeichnet.

Herzliche Grüße, euer Team vom CSA Hof Pente

pneumatische Dammkultur-Sämaschine

Arvid bei den Hühnern

Nachrichten vom Hof November 2013

Bunt sind schon die Wälder,
gelb die Stoppelfelder
und der Herbst beginnt,
rote Blätter fallen,
graue Nebel wallen,
kühler weht der Wind.

Der **Wind** kann uns das Geheimnis der Erde als Gleichnis zeigen. Wir können ihn nicht sehen, er sirrt durch die Zweige, transportiert Fruchtbarkeit in Form von Pollen und Samen. Die Vögel lassen sich von ihm tragen und die Windräder bewegt er voller Kraft. Er kann uns ein Gefühl für die unsichtbare Welt vermitteln. Nur wie spricht er? Im Winter erzählt sein frostiges Beißen von der Härte und den Herausforderungen menschlicher Existenz. Und weiche, laue Frühlingsluft zeigt uns die mitfühlende Dimension des Universums. Er sagt, dass wir keine Gewalt über unser eigenes Leben haben. Dass er mehr kann als wir, dass er Regen bringt oder ihn versagt und damit gute und schlechte Ernten, Leben und Tod bestimmt, ohne selbst zu sterben.

Der größte Teil unserer **Ernte** ist nun abgeschlossen. Die Kühlhäuser füllen sich, das Kartoffellager wird belüftet, das Getreide ist trocken, die Erdmiete ist mit Sand und Stroh geschützt. Mehr als 6.000 kg leckere Möhren wurden von Hand geerntet und vorsichtig eingelagert. Kurz vor Vollreife ist der beste Erntetermin. Dann haben sie den höchsten

Gehalt an Fruchtzucker und wertvollem Carotin. Das Fruchtgewebe ist ausreichend stabilisiert und die Atmungsaktivität so weit reduziert, dass sie die besten Lagereigenschaften haben.

Die **Obsternte** brachte eine bunte Fülle leckerer alter Apfelsorten. Mehr als 1.500 Kilo Äpfel konnten in Saft verwandelt werden. Sie ergeben bei 70-prozentiger Ausbeute mehr als 1.000 Flaschen Apfelsaft.

Danke an **Ole** und **Till**, Julias Schwager in spe und seinen Bruder, die ihre Arbeitskraft gespendet haben und aus alten Balken und verstaubten Fenstern einen so schönen Vorraum gezimmert haben. Endlich Platz für die vielen Schuhe, Stiefel, Jacken, - so bleibt hoffentlich auch etwas mehr Erde draußen...Ihre Leidenschaft ist das Bauen von Strohballenhäusern – mehr Infos gibt's hier: strohballenbau-nordwest.de

Bei unseren **Mitarbeitern** gibt es einige Entwicklungen:
Unsere Studienpraktikantin **Ann Katrin** ist nun nach reiflicher Überlegung nach Witzenhausen, um dort *Ökologische Landwirtschaft* zu studieren. Wir werden sie mit ihrem großen Fleiß vermissen. Aber auch, weil sie mit ihrem silberhellen Lachen Menschenherzen verzaubern kann.

Das Licht der Befreiung von Armut und Not erwartete auch unsere Kinder vom **Kinderbauernhof** zum Martinstag mit Lagerfeuer und Laternenumzug. Der St. Martin (**Ann-Kathrin**) ist extra noch mal aus Witzenhausen zurückgekommen, um mit Pferd und Schwert dem armen Bettler hilfreich zur Seite zu stehen. Die Kinder genossen das sichtlich.

Aaron, unser fleißiger Praktikant im Kinderbauernhof, hat seinen zeitlich befristeten Aufenthalt nachhaltig gestaltet. Von ihm stammen die wunderbaren Regale und auch andere Holzausstattungen im Kinderbauernhof. Vielen Dank!

Auch **Chantal** wird uns verlassen, um ihre Erzieherinnen-Ausbildung fortzusetzen. Ein halbes Jahr hat sie ihr Praktikum im Kinderbauernhof absolviert. Wir sind dankbar für ihre tolle Mitarbeit im Kinderbauernhof! In ihrer Freizeit am Nachmittag ließ sie es sich nicht nehmen, sich voll im Gartenbau zu engagieren. Das war eine phantastische Unterstützung.
Ihr hat die Arbeit mit den Kindern so viel Freude gemacht, dass sie für ihr Anerkennungsjahr gerne wieder kommen will. Das freut uns!

Unser langjähriger Mitstreiter **Lukas** hat sich für den Meisterkurs angemeldet, den er neben der Arbeit auf dem Hof im Winterhalbjahr begonnen hat.

Neu, aber nicht unbekannt, ist nun **Jürgen** als angestellter (50 %) Gärtner fest im Team. Alle kennen ihn mit seinem markanten Gärtner-Rauschebart und seinen aufmerksamen Augen. Er wird den Gartenbau mit organisieren. Seine Leidenschaft gehört vor allem der Präparateherstellung und der Kompostwirtschaft.

Neues von der **Glyphosatfront**: Neben Österreich hat nun auch Dänemark den Einsatz dieses Pestizids zur Sikkation (Abtötung/Vertrocknung → zur Abreifebeschleunigung) verboten. Der baden-württembergische Landwirtschaftsminister Alexander Bonde (Die Grünen) will mit seinen grünen Amtskollegen der anderen Bundesländer ebenfalls eine Verbotsinitiative in Deutschland starten. Kürzlich brachte *Tagesschau 24* einen Beitrag über chronischen Botulismus, eine verheerende Seuche, die bei Rindern entsteht und auf den Menschen übergreifen und zu schweren Behinderungen führen kann. Manche Mediziner befürchten im Hintergrund als Ursache Glyphosat und dessen Abbauprodukte im Mais und damit im Rinderfutter.

In dieser Ausgabe möchten wir einiges zum Thema **Prüfungen** ansprechen:

Der Hof wird regelmäßig geprüft, so zum Beispiel hinsichtlich der Einhaltung des EU-Biostandards und darüber hinaus für die besonderen Standards der Anbauverbände Bioland und Demeter. Dazu kommen andere Prüfungen. Zum Beispiel von der **landwirtschaftlichen Berufsgenossenschaft** hinsichtlich der Arbeitssicherheit. Auch das **Veterinäramt** prüft. Zum Beispiel die Haltung und den Gesundheitszustand der Schafe, Kühe, Schweine und Hühner. Über 60 Eier holte der Landkreis ab, um sie in einem Spezial-Labor in Göttingen auf Schwermetalle etc. zu überprüfen. Bislang haben wir alle Kontrollen gut überstanden.

Vor kurzem kam auch noch der so genannte Prüfdienst der **Landwirtschaftskammer** zu Besuch: bereits vor Wochen hatten sie Luftbildaufnahmen gemacht, um alle unsere Flächen genauestens zu überprüfen. Stimmen die Angaben auf dem Anbau-Planungsbogen exakt mit dem aktuellen Zustand überein?
Die Artenvielfalt und die Komplexität unserer Fruchtfolge überforderte die Prüfer zusehends. Denn wir wandern ja merkwürdiger Weise sogar mit Schweinen und Hühnern in Mobilställen über den Acker. Das ist nach den Standards der EU nicht vorgesehen. Oder wir lassen Wildblumeninseln für Bienen oder Nistflächen für Bodenbrüter, zum Beispiel Feldlerche, einfach stehen. Eine Herausforderung für die Prüfer!

Eine Monokultur exakt bis zum Feldrand, großflächig, ohne viel Grenzen bis direkt zum Weg, sauber tot gespritzt, ist das der Traum eines Prüferbürokraten, frei von jedem ökologischen Anspruch?
Wir haben zum Beispiel im Schatten unserer Birken eine Brennnesselecke, die wir für unsere biodynamischen Präparate nutzen. Ein derartiger Anbau ist in der Nummernkartei der EU nicht vorgesehen. Strafabzug! Kompostflächen für den Acker und Gartenbau, unmöglich! Strafabzug!

Seit Jahren galt unsere **Kastanienallee**, zum Teil mit Wildgehölzen, die wir selber gepflanzt und mit den Kindern bewässert haben, als »**Landschaftselement**«. Ein Landschaftselement muss nach der Definition der Prüfer Bestandteil einer Anbaufläche sein. Da stört nun der Wildschutzzaun. Er trenne die Allee von der Ackerfläche. (Als sei er eine für Insekten, Wind und Regen unüberwindbare Mauer...) Dadurch sei die Allee kein Landschaftselement mehr und entsprechend nicht mehr förderfähig. Das Vorhandensein dieser Allee sei nun eine »strafbare Ordnungswidrigkeit«. Die Alleepflanzung gehöre nun nicht mehr zur Anbaufläche, sondern zur Hoffläche, die wiederum nicht förderungsfähig sei. Auf die Frage, ob wir nun die Allee absägen sollten, um der Strafe zu entgehen, hieß es: auf keinen Fall. Sie sei ja ein geschütztes Landschaftselement im Sinne des Naturschutzgesetzes!!!??!! Die Kommunikation mit den Prüfern erhielt allmählich eine zunehmend kafkaeske Note.

Ein weiteres Beispiel aus der zweitägigen Prüfung, die sich auf das Satelliten-gestützte GPS-System bezog, war die Feststellung: "Die Flächen haben sich irgendwie verändert". "So? Das kann doch nur der liebe Gott. Wir haben doch eindeutige Katasterunterlagen. Und die Daten der Landwirtschaftskammer." - "Man hat 2006 aber die Unterlagen digitalisiert, aber nicht vermessen." - "Ist das unser Problem?"

Die Prüfer trieben es auf die Spitze: Unsere alte **Streuobstwiese**, die wir in den letzten Jahren durch neue Pflanzungen erweitert hatten, wurde vermessen. Dabei wurden die neu gepflanzten Bäume bewusst ausgeklammert, weil dazwischen zum einen der Bienenstand liegt und außerdem die Vermehrungsfläche für Jungpflanzen, auf der *Martin* für die CSA Erdbeerpflanzen vermehrt. Indem man diesen Biotopverbund nun per Definition teilte (»Dazwischen liegt ja ein Privatgarten!«) erhielt man eine Streuobstfläche von knapp unter 1.000 m². Diese konnte man auch gleich auf 0 m² setzen, weil nur Flächengrößen, die mindestens 1.000 m² umfassen, als Teilflächen berücksichtigt werden. Dadurch konnten die Prüfer uns eine beträchtliche Flächenabweichung vorhalten.

Aber der **Unsinn** geht noch weiter: ein Schaden, der unseren Flächen von einem Amt zugefügt wird, wird uns von einem anderen Amt zur Last gelegt. So hat zum Beispiel das Landesamt für Landvermessung auf unserer gepachteten Fläche einen trigonometrischen Punkt gesetzt. Beim Austausch der defekten Betonplatten wurde unser Getreide platt gewalzt. Wir haben den Schaden wegen der Lappalie nicht angezeigt. Nun aber haben die Prüfer diese Fläche auf unserer Getreidefläche zu unseren Lasten abgezogen, weil sie zerstört war.

Auch diese Dinge sind unser alltägliches Arbeitsfeld. Und manchmal haben wir das Gefühl: das könnte Euch auch interessieren, denn auch dafür haben wir schließlich Mitglieder, um Freude und Sorgen teilen zu dürfen. Und geteiltes Leid ist halbes Leid.

Euer Team vom CSA Hof Pente

PS: Das öffentliche Interesse am CSA-Projekt ist ungebrochen. Mehrere Artikel sind erschienen. (zu finden auch auf der homepage)

- Eine Rezension unseres Buches »Nachrichten vom Hof« in den »Bramscher Nachrichten«.
- Ein Kommentar über NSA und CSA in der »Unabhängigen Bauernstimme«.
- Ein Bericht über die Tagung an der Alanus-Hochschule zum Thema CSA und Handlungspädagogik im »Goetheanum«
- Eine sehr schön gestaltete Seite im »Kirchenboten für das Bistum Osnabrück« über den Kinderbauernhof.

Und gerade ist das Buch "Von Prärieindianer, Räuberkindern und einer glücklichen Kindheit" erschienen, von Martina Hartkemeyer und Margret Schütte. Ein wundervolles Geschenk an Eltern und Großeltern, Onkel, Tanten und alle, die Freude an der Entwicklung von Kindern haben. Weihnachten naht mit großen Schritten...

Viele liebe Grüße von Eurem CSA Hof Pente

Nachrichten vom Hof Dezember 2013

Die Sonne zieht sich nun mehr und mehr zurück und die Wachstumskräfte wandern in den Schoß der Mutter Erde. Fast alle Garten- und Feldfrüchte sind geerntet. Sogar einiges von dem Eichelüberfluss der alten Bäume wurde von den Kindern gesammelt und von den Schweinen mit einem dankbaren Grunzen geknackt - wie Leckereien vom Weihnachtsteller.

Die fleißigen Hände unserer **Gartenmitarbeiter** haben mittlerweile 100.000 winzige Feldsalatpflänzchen in die Gewächshäuser gesetzt. Sie nutzen nun auf ihre Weise das spärliche Winterlicht und spenden es uns in Form wertvoller Vitamine. Rosenkohl, Grünkohl, Topinambur und Porree dürfen noch auf dem Acker die ersten leichten Nachtfröste überleben.

Die letzten **Wildgänse** und **Kraniche** haben sich Mitte November über unserem Hof gesammelt und gen Süden verabschiedet. Es ist immer wieder bezaubernd, wie die Tiere es schaffen, sich in der aerodynamisch günstigsten Form anzuordnen. Sie sind in der Lage, blitzartig gleichzeitig die Richtung zu wechseln, ohne sich gegenseitig anzustoßen. Zumindest haben wir bislang noch nichts von einem Flugunfall zwischen Zugvögeln gehört. Und ist es nicht geheimnisvoll, dass sie offenbar ein Sinnesorgan für die magnetischen Feldlinien der Erde besitzen, dass sie nach einem inneren Kompass, einem «Navi», ohne Landesgrenzen und Straßen zu kennen, die richtige Route finden?

Zum Jahresende ist es vielleicht sinnvoll, die Frage zu stellen: **Warum tun wir das, was wir hier jetzt machen?** Was ist unser Kompass? Woran arbeiten wir mit welchen Willenskräften? Als ich kürzlich einer Journalistin meinen Enkel mit dem unüberlegten Satz vorstellte: "Das ist Friedmut, der muss hier immer arbeiten," sagte er prompt: "Nein Opa, ich will arbeiten!"

Im Mittelpunkt unserer Erkenntnisarbeit könnte die Frage stehen, was sinnvolles menschliches Handeln uns bedeutet. In vielen gesellschaftlichen Bereichen sehen wir, dass menschliches Zusammenleben oder Arbeit zu einem Selbstzweck degradiert ist. Im Extremfall zur Verwertung von Geld zu noch mehr Geld. Das kann ein Bumerang werden, wenn zum Beispiel Geld zur Handelsware wird. Anstelle des Ziels wird dann das Werkzeug zur Richtschnur des Handelns. Das gilt auch für die Erkenntnisarbeit in Wissenschaft und Forschung. Uns geht es nicht um das, was naturwissenschaftlich möglich ist, sondern um das, was gut ist für Boden, Pflanze, Tier und Mensch. Der Hof ist unser Forschungsprojekt. Dieser Sinnfindungsprozess führt zu Willenserweckung. Das spüren offenbar auch die Kinder.

Unser Ansatz hat scheinbar auch das Team vom **Spiegel-TV** überzeugt, das auf unserem Hof die Dreharbeiten für eine neue, insgesamt sechsteilige Doku-Reihe zur *Geschichte von Landwirtschaft und Er-*

nährung seit 1900 aufgenommen hat. Ziel ist nicht, nur die Fehlentwicklungen wie Massentierhaltung, Hunger und Übergewicht, Müllkultur, Umweltzerstörung...zu thematisieren. Der Rote Faden soll **das Gute** sein, das es bereits gibt. Die Redakteurin war so begeistert von der CSA-Idee, dass sie im Verlag vorschlagen wollte, für die 3200 Mitarbeitenden des Spiegelverlages im Hamburger Raum eine CSA-Initiative zu unterstützen.

Haben einige von Euch im ZDF am 13. November spät abends noch den Film über die Auswirkungen von **Glyphosat** gesehen? Ein sehr sorgfältig recherchierter Film, (»Unser täglich Gift«) der äußerst sehenswert ist (ein link dazu auf unserer homepage). Fast gleichzeitig erhielten Mitarbeiter vom Chemiemulti Monsanto, der auch Glyphosat herstellt, den« Global Food Award«. Eine großindustrielle Auszeichnung für »Verdienste um die Zukunft der Ernährung«.

Wir haben leider in der Endrunde den **Bundespreis** für ökologischen Landbau nicht erhalten. Trotz allen Lobes, meinte die Jury, diese Initiative sei noch zu jung, um zu zeigen, dass sie auch nachhaltig sei und durchhalten könne. Beim nächsten Mal sollten wir uns unbedingt noch einmal bewerben. Dafür haben wir aber die wertvolle Auszeichnung **»Demonstrationsbetrieb für ökologischen Landbau«** erhalten und zwar außerhalb der Reihe, weil man unbedingt ein CSA-Modell in diesem Programm haben wollte. Das bringt uns Unterstützung für die zahlreichen Betriebsbesichtigungen.

Unsere **Hühner** sind immer noch so respektlos und aufgeregt wie zur Frühlingszeit. Rotkreuz- oder auch einfach Krankenschwestern werden sie von einigen Hofbewohnern scherzhaft genannt, weil sie ihr schneeweißes Outfit mit einem leuchtend roten Kamm garnieren. Viele von ihnen halten sich überhaupt nicht an die Pflegedienstordnung und verlassen selbstbewusst ihr Gelände. Oberschwester Augusta fliegt jeden Morgen als erste über den Zaun, um auf der Diele irgendwo gemütlich im Heu ihre Eier zu deponieren. Eine Mitgliedsfamilie hat übrigens einige Eier, die ja alle befruchtet sind, ausgebrütet. Im Ergebnis haben sie wunderschöne gefleckte Nachkommen von außerordentlicher Klugheit erhalten.

Es ist fast ein kleines Wunder: Weihnachten steht vor der Tür und noch ein **Lämmchen** ist geboren. Nicht als Frühlings-, sondern als Winterbote.

Unsere **Schweine** befinden sich überwiegend schon im Winterquartier, das langsam vermatscht. Und daher haben wir große transportable Deckenbetonplatten geholt, um sie als feste Unterlage für die Tröge zu nutzen. Nebenbei haben die Schweine eine Partie Möhren ausgerodet und verarbeitet, denen die Möhrenfliege stark zugesetzt hatte.

In den zurückliegenden Wochen haben wir fast ausschließlich **Jungeber** geschlachtet. Wir hoffen, dass ihr das zarte, saftige Fleisch genießen konntet. Dabei hatten wir schon Mühe, unsere Schlachter davon zu überzeugen, dass nicht kastrierte

Eber kein Geschmacksproblem darstellen. Wer schon einmal miterlebt hat, wie schmerzhaft die Kastration für die jungen Ferkel ist, wird sich freuen, dass es auch ohne geht. Das geschmacksbeeinflussende Hormon entsteht nämlich in erster Linie bei Stress. Und den versuchen wir vom Aufwachsen bis zur Schlachtung möglichst zu vermeiden. Dann werden wir durch besonders saftiges, fettarmes Eberfleisch belohnt. Dabei geht die allgemeine Tendenz derzeit in Richtung weite Transportwege zu Großschlachtereien. Die Perversion wird perfekt, wenn man sich vorstellt, dass Schweine von Süd-Oldenburg über die Alpen zum norditalienischen Parma gefahren werden und dann das Fleisch als Parmaschinken klassifiziert nach Deutschland zurückgebracht wird. Tierärzte gehen davon aus, dass bei den industrialisierten Anlagen 2-3 % der Tiere noch lebend in kochendes Wasser geworfen und gehäutet werden. Und dieser Entwicklungsprozess wird politisch noch mehrfach gefördert. **Erstens** durch Millionen Subventionen zum Beispiel von der ehemaligen Landesregierung beim neuen Schlachthof in Wietze. **Zweitens** durch die Befreiung von der Erneuerbare Energien Umlage, weil sie Unmengen an Strom verbrauchen. **Drittens** durch Ausnutzung der «Scheinselbstständigkeit» bei Steuern und Sozialversicherung (die oft aus Rumänien stammenden Schlachter werden als selbstständige Unternehmer behandelt), die keine Lohnuntergrenze kennt.

Unsere **Bau- und Umbauprojekte** wurden zum Teil glücklicherweise noch vor dem Winter fertig gestellt. Der Vorraum für die Arbeitskleidung ist schon teilweise nutzbar. Dabei haben wir versucht, soweit es ging gebrauchtes Material zu recyceln. Die Steine der Grundmauern stammen vom Acker, die Dachziegel von einem abgebrochenen Haus, die Fenster aus dem Abfallcontainer der Osnabrücker Volkshochschule und die Eichenbalken von unserem Reservelager. Zusätzlich haben wir ein weiteres Praktikanten-Zimmer hergerichtet.

Die **Kühe** besitzen nun ein neues Dach über dem Kopf und einen Fangfressstand, der uns aufwändige Cowboy- und Torero-Methoden erspart, wenn wir beispielsweise einzelne Tiere auf Trächtigkeit untersuchen müssen. Der neue Stall ist sogleich von Sonja eingeweiht worden, die am 20. November ein Kälbchen gebar. Das kleine Kuhkälbchen wurde sofort von der Mutter mit ihrer raspelrauhen Zunge trocken geleckt. Kaum hatte es die Zitzen gefunden und sich mit der lebenswichtigen Kolostralmilch versorgt, war's auch schon verschwunden. Es hatte seinen ersten Ausflug durch den Elektrozaun gemacht und sich im Gebüsch am Kinderbauernhof versteckt. Lukas hat es seiner überglücklichen Mutter wieder zurückgebracht. Ob es nun Selma, Schoko, oder anders heißen soll ist unklar, aber das Mutter S muss dabei sein.

Das größte Bauprojekt - wenn auch weitgehend unsichtbar - ist unsere neue **Kläranlage**. Aufgrund einer Auflage des Landkreises haben wir ein System für 32 Einwohnergleichwerte (fast ein Dorf) installiert. Dabei wird ein völlig neues Verfahren angewandt, welches das gesamte Substrat belüftet und kompostartig verarbeitet. Danach ist ein aufwändiges und teures Abfahren zum Klärwerk überflüssig. Außerdem kann wertvolles Phosphat abgeschieden werden. Dieser wichtige Pflanzennährstoff geht weltweit bereits zur Neige und reichert stattdessen die Gewässer und Ozeane an. Weltweit liegen ca. 70 % dieses Rohstoffes in Westafrika (Spanisch Sahara). Daher tobt in dieser Region bereits jahrzehntelang ein unerklärter Krieg mit der Befreiungsbewegung Polisario.

Als neue **Praktikantin** ist nun **Lena** zu uns gekommen. Sie will, bevor sie ihr Pädagogik- und Musikstudium aufnimmt, ein Freiwilligenjahr bei uns verbringen, morgens im Kinderbauernhof und nachmittags im Gartenbau.

Jan, der bei uns seine Landwirtschaftslehre erfolgreich abgeschlossen hat, wird uns zum Jahresende verlassen. Wir werden sein freundliches Lächeln unter seiner Wikingermähne vermissen und auch seine unermüdliche Hilfsbereitschaft. Die Schweine verdanken ihm ihre erneuerten winterfesten Hütten, die er noch in den letzten Wochen überholt hat.

Zum Schluss eine besonders schöne Nachricht: unser Hofmitglied **Anna Sophie**, Jazzmusikerin, Hofkonzertorganisatorin und Hofchorleiterin ist mit ihrer Jazzgruppe ins Finale aus 170 Bewerbungen beim Leverkusener **Future Sounds** Jazz Festival gekommen. Und sie haben die **Endausscheidung** durch die Publikumsbewertung mit Abstand **gewonnen**! Herzlichen Glückwunsch!

Frohe Advents- und Weihnachtswünsche

euer Team vom CSA Hof Pente

Nachrichten vom Hof Weihnachten 2013

Schnee, Sturm und Wintergewitter haben die dunkle Jahreszeit kräftig eingeläutet. Aber kaum entfalten sich die ungemütlichen Außenkräfte, ahnen wir auch schon, dass mit dem anstehenden Weihnachtsfest die Wintersonnenwende bevorsteht und die Tage wieder länger werden.

Die Entdeckungslust unserer **Hühnchen** scheint kaum noch Grenzen zu kennen. Die bei Wintersonnenschein geöffneten Gewächshaustore betrachteten sie als Einladung, ein wohliges Sonnenbad in der Gewächshauserde zu nehmen. Ob sie davon träumten, braun zu werden? Zwar haben wir Ihnen keine Liegestühlchen mit Kaffee und Frühstückskeksen angeboten – aber sie fühlten sich offensichtlich so wohl, dass sie an den nächsten Tagen versuchten, die geschlossenen Tore auf eigene Faust=Schnabel einzuhämmern. Die Anzahl der abenteuerlustigen Reisehennen hat ein Ausmaß angenommen, dass die Hähnekonferenz offenbar beschlossen hat, einen Kollegen zur Außenbetreuung abzustellen. Nur schaffte es dieser Abgeordnete nicht, alle Hühner abends rechtzeitig wieder ins richtige Bettchen zu bringen. Als ich neulich im Halbdunkel eines dieser eigenwilligen Hühner von der Übernachtung im Gärtnerschuppen mit eisernem Griff abhielt und ins Hühnergehege brachte, nahm sich der bereits wartende Hahn das Huhn am

Schlafittchen und begleitete es mit Nachdruck zum richtigen Parterreeingang.

Unsere **Bienen** befinden sich in der Winterpause. Sie nutzen ihre Energie, um das Volk auf optimaler Temperatur zu halten und machen nur noch wenige Reinigungsflüge. Das Bewusstsein um die Krise der Biene in der agrarindustriellen, artenarmen und von Pestiziden kontaminierten Welt scheint zuzunehmen. Mehrere Medienbeiträge haben dazu geführt, dass zumindest einige der offensichtlich tückischsten Gifte, die Neonikotinoide, in Europa vorübergehend aus dem Verkehr genommen werden. Auch wir leben nicht in einer abgeschotteten Welt. Unsere Bienen haben einen Aktionsradius von mehreren (ca. 6) Kilometern und werden ebenfalls in Teilbereichen von Giften konventioneller Nachbarn geschwächt und in ihrer präzisen Kommunikation gestört. Unser Plan ist, einen Teil der Bienen nach der Schwarmzeit in ein stilles Flusstal in Ostercappeln, wo wir ein paar Hektar naturbelassener Wiese gepachtet haben, zur Erholung zu bringen.

Die diesjährige Honigernte war bescheiden. Wir freuen uns, dass wir zu Weihnachten für alle Mitglieder ein kleines Glas Honig haben und dazu eine von der Familie Kühnert handgezogene Bienenwachskerze. Die Bienen zeigen uns, dass wir in einer Welt von Beziehungen leben und uns als Individuum nicht völlig abschotten können.

Wie nachhaltig aber ein Individuum die Welt verändern kann, zeigt sich in diesen Tagen in der öffentlichen Diskussion um Wirkung und Erbe von **Nelson Mandela**. Heute sieht es aus, als ob sein Wirken in der westlichen Politik unumstritten gewesen sei. Aber wir erinnern uns noch daran, wie es war, als wir in den achtziger Jahren junge ANC Mitglieder, Gefährten von Nelson Mandela, auf unserem Hof beherbergten. Sie traten öffentlich für die Freilassung des inhaftierten Kämpfers gegen die Apartheid auf. Der ANC galt damals in der Bundesrepublik als Terrororganisation. Unter der Hand wurde von der Bundesregierung ein schwunghafter Handel - vor allem mit Rüstungsgütern - befördert, der das rassistische Regime stützte. Wir mussten damals aufpassen, dass unsere Gäste aufgrund ihrer Inkognitopapiere nicht von der Polizei des Herodes verhaftet wurden. Umso lieber erinnern wir uns jetzt an unseren späteren Südafrika Aufenthalt, wo wir die friedensstiftende Arbeit der Wahrheits- und Versöhnungskommission kennen lernen durften und uns ein ehemaliger Mithäftling Mandelas Gefängniszelle auf Robben Island zeigte.

Diese Erfahrung bestärkt uns auch bei einem anderen Thema, das wir noch in fast aussichtsloser Lage Hoffnung haben können, wenn sich genügend viele Menschen wehren:
Das internationale Finanzkapital und die multinationalen Konzerne versuchen derzeit über ein **Freihandelsabkommen** (TTIP = Transatlantic Trade and Investmentpartnership) ein Ermächtigungsgesetz durchzusetzen. In Geheimverhandlungen, an denen in erster Linie Interessenvertreter von

Großunternehmen und Banken beteiligt sind, soll versucht werden, alle Handelsbeschränkungen, welche ihre Interessen beeinträchtigen könnten, abzuschaffen. So zum Beispiel Mindeststandards hinsichtlich der Kennzeichnung genverseuchter Nahrungsmittel. Auch hormonverseuchtes Massentierhaltungsfleisch soll ungehindert aus den USA in die EU gelangen. Die aktuellen Diskussionen um Mindestlöhne oder Pestizidbeschränkungen sind nahezu sinnlos und politisch naiv, da solche Vereinbarungen und sogar Gesetze auf höherer Ebene ohne Widerspruchsmöglichkeit komplett und unwiderruflich ausgehebelt werden können. Sollten trotzdem Handelsbeschränkungen und besondere Schutzmaßnahmen und Standards von Nationalstaaten beschlossen werden, können die Konzerne diese Staaten, also letztlich die Bürger, durch ein eigenes Rechtssystem zu hohen Entschädigungen für den entgangenen Gewinn verklagen. Die Politik schafft sich praktisch ab. Nähere Informationen: (http://www.monde-diplomatique.de/pm/2013/11/08.mondeText1.artikel,a0003.idx,0).

Wir haben zu diesen und weiteren Themen (wie Glyphosat) den Abgeordneten Martin Häussling (Bündnis 90/Die Grünen) eingeladen. Er ist selbst Biobauer und sitzt im Agrarausschuss des Europäischen Parlaments. **Termin 31.1.2014.** Bitte weiter sagen.

Derzeit geistern Zahlen über die angebliche **Wirkung des TTIP-Abkommens** auf die Schaffung neuer Arbeitsplätze durch die Medien, die von Lobbyisten gestreut werden. Das aber ist bei vergleichbaren Abkommen bei genauer Betrachtung bislang nie eingetreten. Die nachhaltigen Arbeitsplätze der Selbstversorgungssysteme einfacher Bauern zählen offensichtlich nicht. So hat zum Beispiel das NAFTA-Abkommen der USA mit seinen südlichen Nachbarn zur Verarmung und Entwurzelung tausender mexikanischer Bauern geführt, weil die USA das Land zur »Marktbereinigung« mit billigem Genmais überschwemmt. Dadurch sind mittlerweile Hunderte uralter einmaliger Maissorten von der Gen-Verseuchung bedroht. Ein von den Bauern über Jahrhunderte gezüchteter und gepflegter genetischer Schatz der Menschheit steht vor dem Aus.

Unser **Mais** ist weitgehend geerntet und getrocknet. Der Rest wartet auf Frost, damit wir den nassen Boden, ohne ihn zu beschädigen, mit dem Mähdrescher befahren können. Dieser Mais ist in erster Linie für unsere Hühner gedacht, die ein energiereiches Futter für ihre hohe Legeleistung benötigen. Um dieses Kraftfutter mit unserer eigenen Mischanlage herstellen zu können, haben wir uns eine gebrauchte Maisquetsche beschafft, die wir noch restaurieren müssen. Mais sollte für die Hühner nur grob gebrochen werden. Beim Mahlen mit der Hammermühle ist die Geschwindigkeit des Korns so groß, dass der Mehlkörper zu Staub zerplatzt. Da aber die Hühner einen stark bemuskelten Vormagen haben, der grobe Nahrungsmittel zerkleinern kann, lieben sie grobes Futter, das ihn ständig trainiert.

Der **CSA-Kochclub** hat unseren Mais bei seinem jüngsten Treffen auf dem Hof in eine leckere Polenta verwandelt. Alle Tester waren begeistert. Also wollen wir demnächst auch Mais für unsere Mitglieder anbieten. Besonderen Dank an all diejenigen Aktiven, die in einer heroischen Distelaktion im Frühsommer den Mais gerettet haben.

An dieser Stelle ist auch ein besonderes **Jubiläum** zu erwähnen: Anfang Dezember ist **Jürgen K.** 66 geworden und nunmehr drei Jahre im CSA Projekt aktiv. Ohne Jürgens unermüdlichen Einsatz hätten wir in dieser Zeit unmöglich die erforderliche Infrastruktur aufbauen können. Herzlichen Glückwunsch und vielen Dank!

Wir machen diese Arbeit ja nicht nur, weil sie aus unserer Sicht ökologische Vorteile bietet, sondern es geht auch um ein unverfälschtes **Geschmackserlebnis**. Wir freuen uns natürlich über positives Feedback. Als Sebastian vor einiger Zeit seine Mutter besuchte, brachte er ihr Kartoffeln und Blumenkohl mit. Sie kochte mit ihrer über 90-jährigen Nachbarin das Mittagsessen. Mit Tränen in den Augen sagte die alte Frau, dass sie solche Kartoffeln seit Jahrzehnten nicht mehr gegessen habe und diesen Geschmack nur aus ihrer Jugenderinnerung kenne. Um dieses Lob noch zu toppen, meinte die Mutter, Blumenkohl habe sie schon seit langer Zeit nicht mehr gekocht, da sie den Gestank beim Kochen nicht ertragen könne, aber dieser dufte ja.

Vielen Dank für die mitfühlenden Worte zu den obskuren Prüfungsgeschichten in der vorletzten Hofnachrichtenausgabe. Diese Resonanz hat uns bewogen, noch eine dieser Geschichten zu erzählen, die allerdings, bedingt durch ein kleines Kindlein ;-) zu einem glücklichen Ausgang gefunden hat.

Gewissermaßen eine alternative Weihnachtsgeschichte.

Die Vorgeschichte: vor nicht langer Zeit hatten wir eine Betriebsprüfung durch das Finanzamt. Diese dauerte eineinhalb Jahre! Und sie wurde von einem der berüchtigtsten Prüfer zwischen Weser und Ems durchgeführt. Ein Sachverhalt auf einer langen Liste: das Scheunengebäude mit dem Abholraum gehört zum Betriebsvermögen. In den letzten Jahren hatten wir es mit viel Eigenleistung und bereits versteuertem Geld selbst umgebaut, darin befindet sich auch die Wohnung von Julia, Tobias und Kindern.

Der Prüfer freudig erregt: Durch die Wohnsituation sei eine Umwandlung des Gebäudes vom Betriebsvermögen in Privatvermögen erfolgt. Das bedeutet: Das Gebäude mit einem Einheitswert von etwa 20.000€ wird plötzlich steuerlich nach einem fiktiven Verkehrswert von beispielsweise 320.000€ bewertet. Das wirkt sich so aus, als hätten wir die Differenz von 320.000 - 20.000 gleich 300.000€, in dem Jahr tatsächlich eingenommen und müssten sie ergo mit dem Spitzensteuersatz versteuern. Das hätte für uns den Ruin der Landwirtschaft bedeuten können. Offensichtlich hatte der Herodes das auch vor. Aber er hatte nicht mit den verschlungenen Pfaden des Lebens gerechnet:

Es begab sich nämlich zu jener Zeit, als ein Kindlein namens Keno geboren werden sollte, dass der Vater noch eine befristete Stelle an der Universität Kassel hatte, die auslief, während ihn der Stern mit seiner Frau nach Pente führte. Nachdem sie diesen kleinen Ort aufsuchten, um eine Herberge zu finden, hofften sie, sich mit dem Obolus des Erziehungsgeldes noch eine Weile ernähren zu können. Diese Hoffnung erwies sich aber zunehmend als trügerisch, und sie zählten die Tage, da das kleine Kindlein nicht zur geplanten Zeit und Stunde den wohligen Bauch seiner Mutter verlassen wollte, obwohl Rind, Schaf und Krippe bereits warteten. Laut Gesetz durfte zum Bezug von Erziehungsgeld kein Tag Arbeitslosigkeit zwischen letzter Stelle und Geburt liegen und das Kindlein ließ sich Zeit. Dann gäbe es überhaupt kein Geld von Kaiser Augustus.

So zimmerte St. Pragmatius eine landwirtschaftliche Mitarbeiterstelle. Nun ist aber nach dem Gesetz auch ein beurlaubter Mitarbeiter – im Erziehungsjahr - ein richtiger Mitarbeiter. Und wenn ein Mitarbeiter des Betriebes in einem Gehäuse wohnt, ist dieses Gebäude zwangsläufig Bestandteil des Betriebsvermögens und damit der Wertzuwachs nicht des Kaisers. Als der Abgesandte des Fiskus dies erkannte, betrübte ihn das sehr. Mit Zornesröte im Gesicht wandte er sich flugs anderen Schandtaten zu. Seiner Ansicht nach sollte auch dieser Hof einen Beitrag zur Bankenrettung und zur Bereicherung der mageren Tantiemen der Aufsichtsräte, Pharisäer und Schriftgelehrten leisten. Er liegt ja weder in Bethlehem noch auf den Cayman Inseln.

Und so erfüllte sich das Gesetz: Der Himmel schickte zur rechten Zeit ein kleines Kindlein, um die Vorsehung der Schrift zu erfüllen… eine CSA wird kommen. Und das Wort von der Gnade der etwas späteren Geburt erhält für uns eine neue Bedeutung.

Wir wünschen Euch ein sinnnenfreudiges, mit Gelassenheit begnadetes Weihnachtsfest und den gemeinsamen Blick dafür, dass auch ein winziges Gutes die Herzen der Menschen verändern kann.

Euer Team vom CSA Hof Pente

Vater und rettender Sohn *(s. Weihnachtsgeschichte…)*

Die Welt ist groß und Rettung lauert überall.

2014

Nachrichten vom Hof Januar 2014

Dem Schaf

wächst die Wolle

im Schlaf

Das grüddelgraue Nieselwetter begleitete die Festtagswoche. Nur manchmal riß nächtens der Wolkenschleier auf und ließ einen kurzen Blick auf die ungewöhnliche Meteoriten- und Sternenschweifhäufung im Dezember zu.

Rechtzeitig zum Fest wurde bei den **Schafen** noch ein munteres Zwillingspärchen geboren. Die rotbraunen Wollknäuel tollen bereits lebenslustig im grünen Gras, massieren durstig mit ihren Mininäschen das pralle Euter ihrer Mutter und wedeln dabei eifrig mit ihren Schwänzchen.

Der letzte **Abholtag** des Jahres war von einer fröhlchen weihnachtlichen Stimmung getragen. Weihnachtliche Saxophonklänge - danke Carola! - untermalten das Abholprogramm von diesmal 27(!) verschiedenen Hoferzeugnissen.

Unsere **Kühe** genießen ihr neues windgeschütztes Domizil und das sich prächtig entwickelnde Kälbchen hat sich eine Kuschelhöhle in den Strohballen gebaut.

Der letzte Mais ist geerntet. Er hat eine erstaunlich gute Qualität und konnte auf dem mit Siebdoppelboden versehenen Anhänger getrocknet werden. Die Trocknungsenergie stammt aus der Biogasanlage eines nahegelegenen landwirtschaftlichen Betriebes. Bei der Stromproduktion einer Biogasanlage fällt nämlich rund 60 % Abwärme an, die sinnvoll genutzt werden sollte.

Angelegentlich erzählte der Junglandwirt folgendes: er habe für eine **Züchtungsgesellschaft** Hartweizen angebaut, der ausgezeichnete Widerstandskräfte gegen Krankheiten und Beikräuter hatte. Von der Anerkennungs-Kommission sei er jedoch nicht zu einer Vermehrung zugelassen worden. In dieser Kommission seien maßgeblich Vertreter der Chemieindustrie Mitglied gewesen. Soweit zur Entstehung der offiziellen Züchtungsziele.

Nebenbei eine Bemerkung zum **Stromsparen**, zu dem wir uns aus ökologischen Gründen verpflichtet fühlen: im Dezember kam ein Schreiben, dass wir, wenn wir über 57.000 kWh jährlich verbrauchen würden, wesentlich mehr als bisher, erhebliche Steuervergünstigungen bekämen. Sollen wir künftig im Sommer die Türen der Kühlhäuser bei voller Leistung offen lassen, um Geld einzusparen? Diese Steuergesetzgebung führt dazu, dass z.B. die großen Schlachthäuser konsequent die Stammbelegschaften abbauen und lieber ohne Arbeitsvertrag Hungerlöhne zahlen. Steigen die Stromkosten auf über 14 % der Bruttowertschöpfung, kann die

Schlachterei eine Strompreisentlastung nach den Ausnahmeregeln des Erneuerbare-Energien-Einspeisegesetzes beantragen. Vom Umsatz darf sie bei dieser Rechnung nur Kosten für die Technik, Salz, Zutaten etc., abziehen, aber nicht die Kosten der Stammbelegschaft. Wie sollen die kleinen Landschlachter bei denen wir schlachten, mit ihren festen Mitarbeitern damit preislich konkurrieren?

Unsere **Hühner** erfreuen sich immer noch ungebremster Lege- und Lebenslust. Mittlerweile haben sie auch eine neue Technik entwickelt, um in konzentrierter Frauschafts-Stärke ihrer Ausflugslust noch besser frönen zu können. Ein Dutzend Hühner fliegt morgens auf den dann bedrohlich schwankenden Umsteckzaun. Dann beginnen die Ausreißerinnen so lange rhythmisch zu schwingen, bis der Zaun niederkracht und die begeistert wartende Hühnerschar die umliegenden Flächen erkundet.

Vereinzelte Hühner mussten ihre Reiselust bereits teuer bezahlen. Federhäufchen deuten auf eine vorzeitige Hühner-Himmelfahrt hin, die allerdings von bösen (Habicht-) Engeln begleitet sein dürfte. Die Hühner scheinen allerdings eher die verrückte Katze vom Kinderbauernhof im Verdacht zu haben, für das Verschwinden ihre Artgenossinnen verantwortlich zu sein. Ein zorniger Kreis von fast zwei Dutzend Hennen umzingelte neulich die verdächtigte Katze, die unschuldig ihre Pfoten leckend dennoch auf heißen Kohlen in der Mitte saß. Aber, wie es schon in der Bibel heißt, wer von euch ohne Schuld ist, der werfe das erste Ei. Oder so ähnlich.

Nach dieser Einsicht löste sich das Hühner-Ermittlungskomitee auf.

Die, ob der schier unbändigen, emanzipatorischen Bestrebungen des Hühnervolkes zunehmend hilflos agierenden Hähne, haben die benachbarten Schweine um Amtshilfe gebeten. Probeweise wurde ein Ferkel abgeordnet, das mit mäßigem Erfolg den Ordnungsdienst übernahm und sich bemühte, zu neugierige Hennen wieder auf ihr Territorium zu geleiten.

Die gefiederte Oberschwester Augusta hat sich einer neuen Aufgabe zugewandt, nachdem ihr nachdrücklich vorgetragenes Eintrittsbegehren zur Küchenarbeit (mittels nachhaltigem Schnabelscheibenklopfen) konsequent abgewiesen wurde. Jetzt nutzt sie die häufig offene Werkstatt, um sich der Metallkunde zuzuwenden. Zunächst erkundete sie die Schraubenregale zwecks neuer Nistmöglichkeiten. Die Eiablage in den Schraubenkisten fand sie trotz sichtlicher Experimentierfreude im Vergleich zu dem weichen Dinkelspelz dennoch nicht so prickelnd. Aber sie entwickelte eine neue Begeisterung für die Vertilgung von Eisenfeilspänen auf dem Werkstattboden.

Aus der mittelalterlichen **Metallurgiegeschichte** ist ein Geheimtipp besonders erfolgreicher Schwertschmiede bekannt: Diese verfütterten in Brotteigkrümel verstecktes Raseneisenerz an ihre Federtiere und wuschen nach dem Verdauungsprozess das durch die aggressive Magensäure veredelte Metall wieder aus dem Kot heraus. Hierdurch entstand ein wertvoller Rohstoff für besonders zähe und elastische Klingen.

Ob das Huhn uns auf diese Weise symbolisch auf das Schwertsymbol in seiner Bedeutung von Klarheit, Wahrheit und Wehrhaftigkeit aufmerksam machen wollte, können wir nur ahnen. Diese Eigenschaften scheinen im neuen Jahr wieder so notwendig wie eh und je zu sein: mittlerweile haben wir vom **Prüfdienst** der Landwirtschaftskammer eine umfangreiche Liste mit zahlreichen angeblichen Flächenabweichungen bekommen, für die wir haftbar gemacht werden sollen. Zur Erinnerung: die Flächengrößen sind durch Katasterkarten exakt vorgegeben. Aber es wird durch GPS angeblich genau gemessen (im Herbst nach der Ernte!) was angebaut worden ist. Das ist bei uns aber nicht so einfach wie bei einem Landwirt mit Monokultur von Wegrand zu Wegrand und »sauber« - durch hochgiftiges Glyphosat - tot gespritzte Feldraine.

Wir haben aufgrund des vielfältigen Wechsels im Anbau und der für die Bodengesundheit sinnvollen Fruchtfolge viele Parzellen. Etliche davon sind von Kräutern, Hecken und Gebüschen eingehegt, um die Abdrift giftiger Pestizide abzuhalten und den Bienen ganzjährig eine gesunde Pollenweide zu ermöglichen. Das zu verstehen, überfordert offensichtlich die Möglichkeiten der EU-Bürokratisierung und den Geist des Gesetzes. Die Prüfer sind natürlich überfordert, exakt über die von Kraut und Strauch bewachsene Grenze zu gehen, um mit den GPS-Gerät die genaue Größe zu bestimmen. Da wir aber viele kleine Parzellen bewirtschaften, machen allein diese ökologisch kostbaren Randstreifen bei über 30 Parzellen multipliziert mit der Außenfläche bei nur 1 m Grenz-Abstand leicht 10.000 m² aus. Nun wäre es ja noch relativ einfach, wenn wir zu unserem Nachteil auf diesen Flächenumfang für die Prämienberechnung einfach verzichten könnten. Das geht aber nicht. Erstens dürfen wir bei gepachteten Flächen nicht die Nutzfläche verkleinern, da wir sonst schadensersatzpflichtig würden. Zweitens tritt folgendes Problem auf: ein Biotop darf nur bis zu 1999 m² groß sein. Wir haben zum Beispiel eines, das immer mit 1900 m² angegeben worden war. Nun aber wurde es bei der Prüfung auf 2100 m² gemessen. Bäume und Sträucher wachsen halt. Das geht aber an der abstrakten Realität der Prüfbürokratie vorbei. Und, oh Graus, wenn das Biotop über 2000 m² groß ist, dann ist es im Sinne des Gesetzes kein Biotop mehr, sondern gar nichts. Diese Fläche verschwindet wundersamer Weise komplett im **bürokratie-elektronifizierten Nirvana.**

Eine solch abenteuerliche Zählweise aber reicht noch nicht aus, um den kompletten Wahnsinn vollständig zu machen. Haben wir mehr als 3 % Flächenabweichung, wird dieser mit dem Faktor drei multipliziert. Haben wir zum Beispiel 1,7 ha Abweichung durch freiwillige zusätzliche Naturschutzmaßnahmen, sind das bei der Zählweise der EU-Bürokratie rund 5 ha. Und dann kann das ganze Strafprogramm rückwirkend durchgesetzt werden. Das wäre für uns eine Strafzahlung für Naturschutz in geschätzter Höhe von rund 7000 €. Gleichzeitig sind wir gezwungen, mit der Motorsäge und der Seilwinde unsere langjährig gehegten Bäume und Hecken, für die wir den Naturschutzpreis des Landkreises (200 €) erhalten haben, teilweise niederzulegen...

Aber wir sind ja mit Problemen als kleiner landwirtschaftlicher Betrieb nicht allein auf der vom Finanzkapital dominierten Welt: Langsam sickert in der Medienlandschaft doch etwas von der Tatsache der geheimen Verhandlungen zum Transatlantischen Handelsabkommen durch. In dem kürzlich auf Bali verabschiedeten **Handelsabkommen** für den asiatischen Raum haben die transnationalen Konzerne durchgesetzt, dass es kein neues staatliches Schutzprogramm für Hungernde mehr geben darf. Indien wurde fast in die Knie gezwungen, da es für die Stabilisierung der Nahrungsmittelpreise bei Missernten ein garantiertes staatliches Aufkaufsystem mit Mindestpreisen für die Kleinbauern und Preisbegrenzungen für die Ärmsten entwickelt hat. So berichteten die kirchlichen Hilfswerke **Misereor** und **Brot für die Welt**. Indien musste zusichern, dass dieses erfolgreiche System nicht weiter verbreitet wird und in absehbarer Zeit ausläuft.

Am Beispiel des Handelsabkommens zwischen Nordamerika und Mexiko ist mittlerweile auch die verlogene Zählweise bezüglich der angeblich positiven Arbeitsplatzeffekte bekannt geworden, die von den Medien unhinterfragt verbreitet wird. Die

Vernichtung von tausenden Arbeitsplätzen in bäuerlichen Familienbetrieben Mexikos durch Dumpingexporte von gentechnisch verändertem US-Mais geht überhaupt nicht in die Statistik ein, da diese Bauern als Selbstständige gelten. Auch der Wert der für die Selbstversorgung der bäuerlichen Familienbetriebe gewonnenen Nahrungsmittel geht mit Null in die Zählweise ein. Diese Leistungen werden auch nicht für die Berechnung des **Bruttosozialprodukts** gezählt, da sie ja nicht über den Geldmarkt laufen. Diese Zählweise kennen wir ja auch bei uns. Die Arbeit einer Mutter, die ihre Kinder betreut, zählt nichts für das Bruttosozialprodukt. Wenn sie aber ins Heim kommen oder gar in den Knast, dann wächst das zu Zahlen abstrahierte BSP und die Politiker können jubeln: "Wachstum!"

Hier noch einmal zur Erinnerung die Veranstaltung mit dem **EU Abgeordneten** Martin Häusling, am 31. Januar bei uns auf dem Hof und die Kundgebung in Berlin "Wir haben es satt", am 18. Januar 2014.

Eine Mitarbeitermitteilung: nach der verdienstvollen Aufbauarbeit im Kinderbauernhof wird sich Esther Pick ab Januar neuen Aufgaben widmen. Wir sagen vielen Dank für ihr Engagement!

Herzliche Grüße und die besten Wünsche für das Neue Jahr,

Euer Team vom CSA Hof Pente

Die Kinder säen Dicke Bohnen

Nachrichten vom Hof Februar 2014

Bei frühlingshaften Januartemperaturen reckt der leuchtend gelbe Winterjasmin seine kleinen goldenen Sterne gegen den Himmel. Und der Winterschneeball schiebt seine rosa Knospen durchs graue Gebüsch.

Aber es fehlt der Frost, der dem Boden die richtige Gare gibt. Die vielfältige Ackerkräuterwelt wächst munter weiter und droht das Wintergetreide zu überwuchern. Wegen der Nässe können wir es aber nicht striegeln.

Der Winterkohl im Freiland bräuchte es auch etwas kälter, damit er nicht vorzeitig auf Frühlingsgedanken kommt.

Unsere brave dunkelrote Ronja Räuberkuh bekam in einer milden Januarnacht ein überaus kräftiges **Bullenkälbchen**. Zunächst schien die Mutter etwas irritiert von dem riesigen Nachwuchs zu sein. Sie verweigerte ihm sogar anfangs die kostbare Milchquelle. Aber durch das gute Zureden von Lukas erinnerte sie sich daran, dass sie doch eigentlich eine erfahrene Mutter ist. Schließlich leckte sie das Söhnchen mit ihrer rauen Zunge trocken und schob das staksige Junge mit ihrer Schnauze in die richtige Trinkposition an ihr pralles Euter.

Die mit einem üppigen Winterpelz ausgestattet **Schafe** brauchen bei diesem Wetter noch keine Hütte und versorgen sich weit gehend selbst. Den Maisacker haben sie nach abgefallenen Kolben abgesucht und sich auf über 20 Exemplare vermehrt. Bei einem Muttertier lief nicht alles nach Schöpfungsplan und hätte tödlich enden können, wenn der gute Hirte (Lukas) nicht eingeschritten wäre. Als erstes kam ein Böckchen zur Welt, um das die Mutter sich fürsorglich kümmerte. Aber wo war das zweite? Lukas fand das Schwesterchen kalt und entkräftet am anderen Ende des Ackers. Die Mutter war unruhig und überfordert, denn sie hatte noch ein drittes zu erwarten. Es lag völlig falsch, so dass es den engen Geburtskanal nicht passieren konnte. Und das wohl schon zu lange. Lukas leistete als **Hebammerich** mit seinen schlanken Händen erste Hilfe. Und nach quälend langen anstrengenden Minuten gelang es endlich, das Muttertier von seiner tödlichen Last zu befreien. Aber die Mutter hatte sich bereits auf ihre Art entschieden. Drei Kinder sind bei zwei Zitzen einfach zu viel. Das erste Lämmchen wurde versorgt. Das Schwesterchen aber zur Seite geschoben. Es war schon steif und kalt, die Augen starr - nur die Nasenflügel zitterten noch leicht, als Lukas es in die warme Küche brachte. Die Kinder holten eifrig ein Körbchen, eine wollige Kuscheldecke und eine Wärmflasche. Und schließlich nahm es aus der Nuckelflasche die ersten sehnlichst erwarteten Schlucke warmer Milch. Nun sind die Kinder mit in der Verantwortung. Morgens vor der Schule, zunächst auch nachts, muss das Wollknäuel, mittlerweile **Lillan** genannt, versorgt werden. Inzwischen folgt es wie ein Hündchen der in vereinigtem Mutterglück sich sorgenden Kinderschar. Auch die soziale Kälte scheint es überwunden zu haben, denn man kann es vor Lebensfreude springen sehen.

Unsere **Hühner** protestierten nachdrücklich gegen die Verweigerung eines Ausbildungsplatzes in der Metallwerkstatt. Nachdem wir der weißen »Roberta« Werkstattverbot erteilt hatten, kam sie nach kurzer Zeit mit einer Kollegin zurück, um mit deren Unterstützung ihrer Forderung Nachdruck zu verleihen. Da auch dieses Begehren auf wenig Gegenliebe unsererseits stieß, brachte jedes der beiden schnurstracks noch eine Begleiterin mit und zu viert bauten sie sich dann trotzig, mit Händen in den Hosentaschen vor der Werkstatttür auf. Nur durch konsequente, unmissverständliche Maßnahmen waren sie von ihrem Vorhaben der endgültigen Machtübernahme über den Hof abzubringen. Wenn jemand eine der selbstbewussten Hühner-Damen ergreifen konnte, war es um ihre längsten Flugfederspitzen an einer Seite geschehen. Ein kurzer Schnitt mit der Schere und der vorher elegante Geradeausflug endet in einem kreiselnden Sturzflug. Es ist nicht leicht, der Tiere habhaft zu werden, die Böses ahnten. Sie nahmen lieber mit Höllenspektakel Reißaus. Aber es ist schließlich in ihrem eigenen Interesse, denn mittlerweile nächtigen die Vögel in verschiedenen externen Dependancen. Wir möchten schließlich nicht von den

Hähnen verantwortlich gemacht werden, dass bei einem noch möglichen Temperatursturz die Federtiere tiefgefroren aus den Bäumen fallen. Aber wer weiß schon, ob unsere einschneidenden Maßnahmen Erfolg haben werden? Bei der überragenden Intelligenz dieser weißen Vögel üben sie sich vielleicht in der Hubschraubertechnik und überwinden den lästigen Zaun, indem sie sich rotierend durch die Luft schrauben.

Unser Gartenteam, Basti, Jürgen und Jonathan haben das letzte **Gartenjahr** ausgewertet. Aussaat, Sorten und Pflanztermine wurden festgelegt, Düngung, Pflege und Bodenbearbeitung durchgesprochen. Einige Ergebnisse sind:

- andere Paprikasorten die noch leichter vor Freude gelb und rot werden

- mehr Kräuter für Pesto und zum Einmachen

- noch geschmacksintensivere Tomatensorten

- samenfeste Sorten bei Brokkoli und Blumenkohl testen, statt künftig nur auf Hybrid zu setzen

- auch unser diesjähriger Spinatversuch endete kläglich – auf unserem Boden gedeiht der Mangold viel prächtiger!

Die **Pflanzkartoffeln** sind bestellt. Und ab Ende Januar dürfen die neuen Frühkartoffelpartien vorsichtig in Vorkeimkisten durch Licht und Wärme in Keimstimmung gebracht werden. Die Lagerkartoffeln sind bislang noch in guter Kondition und auch ohne chemische Keimhemmer in latentem Winterschlaf.

Mittlerweile ist durchgedrungen, dass die konventionellen Keimhemmer in Verdacht stehen, krebserregend zu wirken. (http://www.upinspire.com/inspire/555/this-3rd-grader-shocked-everyo, und http://de.m.wikipedia.org/wiki/Chlorpropham)

In der **Werkstatt** werden derzeit die Maschinen und Geräte für den Frühjahrseinsatz überholt. Das Goldoni-Mähwerk musste geschliffen werden, bei der Federzinkenegge wurden die verschlissenen Wendezinken gedreht und die Krümelwalze bekam neue, auf der Drehbank gefertigte Eichenholzlager. Beim großen Kompoststreuer musste ein neuer Stahlblechboden eingeschweißt werden. Dabei wird nun ein alter Jugendtraum unter einer künftigen Kompostdecke begraben: Denn es wurden alte Tränenbleche verwendet, die vor 30 Jahren zum Bau eines Ozean-Seglers gedacht waren. Defekte Elektromotoren bekamen neue Anschlusskästen und Lager. Eine Transportschnecke für die Maisquetsche wurde gebaut und installiert. Der verschlissene Frontlader muss noch neu gelagert werden. ...

Inzwischen wird erfreulicherweise ein Teil der Öffentlichkeit etwas wacher, was die Zerstörung unserer gemeinsamen Lebensgrundlagen betrifft.

Die arte-Dokumentation »**Killer-Keime**« zeigte die Auswirkungen des massenhaften Antibiotikamissbrauchs bei den Schlachttieren in Massentierställen. Multiresistente Keime wie MRSA und ESBL sind die Folgen, gegen die Antibiotika-Behandlungen bei Menschen kaum noch eine Chance haben. Sogar auf Gemüsen sind diese Keime noch nachgewiesen worden.

In der ARD Sendung »Geld regiert die Welt« wurde eindrucksvoll dargestellt, wie Finanzriesen, z.B. der Investor **Black Rock**, mit einem Kapitalvolumen von 4 000 000 000 000 $ die Regierungen der Welt manipulieren kann und Agrargift-Konzerne wie Monsanto steuert.

Dreißigtausend Menschen, etwa doppelt so viele wie letztes Jahr, demonstrierten am 18. Januar in Berlin vor dem Kanzleramt gegen die Bauernenteignung durch die industrielle Chemielandwirtschaft. Von der derzeitigen Bundesregierung ist nach dem Koalitionsabkommen traurigerweise kaum etwas Positives in Richtung Verbraucher- und Klimaschutz zu erwarten.

Hoffentlich haben die mittlerweile sechs(!) grünen Landwirtschaftsminister auf Länderebene endlich den Mumm, gemeinsam der Agrarlobby die Stirn zu bieten, um einer bäuerlichen, umweltfreundlichen Landwirtschaft noch eine Chance zu geben.

Die Pestizidindustrie, aber auch die Massentierhalter und die Fleischindustrie bekommen angesichts dieser Entwicklung ein wachsendes Imageproblem. Aktuell findet man in der landwirtschaftlichen Presse zunehmend Ratschläge von Public-Relations Beratern, wie man die Öffentlichkeit besser hinters Licht führen könnte. Denn die Zustände sollen ja nicht geändert werden, sondern nur die öffentliche Meinung. So schreibt etwa das größte Agrarmagazin »Top Agrar«: Es ist »höchste Zeit, in die Offensive zu gehen und die Imagewerbung zu verstärken.« Und die Landwirtschaftsblätter schlagen vor, das Image durch gut gewählte Begriffe zu wenden. So sollte beispielsweise künftig der Begriff »**Mäster**« vermieden werden, weil es eher an Tierquäler erinnert, und dafür der Begriff »Tierhalter« verwendet werden. Auch das Wort »Antibiotika« sei ein Problem. Es sei bäuerlicherseits unbedingt zu vermeiden und solle bei einer direkten Frage nicht wiederholt werden. Das Wort »Schnabelbehandlung« klinge wesentlich besser als »**Schnabelkürzen**« und anstelle der Bezeichnung »produzieren« von Fleisch und Eiern in »Anlagen« solle man besser von »erzeugen« in »Ställen« sprechen. »Pestizide« oder »Pflanzenvernichtungsmittel« geht gar nicht. Besser ist »Pflanzenbehandlungsmittel« oder gar »Pflanzenschutzmittel« für die tödliche Giftbrühe. Das erinnert fatal an die geniale Sprachschöpfung der Atomindustrie, die von einem »nuklearen Entsorgungspark« sprach, als sie in den siebziger Jahren im Emsland eine Atommülldeponie errichten wollte. Wer denkt bei diesem Phantasiebegriff nicht an einen wundervollen Park mit schattenspendenden Bäumen und Sitzbänken, in dem man lustwandeln, seine Sorgen los werden und sich erholen kann, sich unterhalten, auf Wesentliches besinnen – vielleicht zum Kern (nukleus) der Dinge kommen kann.

Atommüll, Strahlenkrankheiten, Missbildungen, verseuchtes Grundwasser dagegen: »Igitt, dat wüllt wi nich!«

Es liegt an uns, ob wir uns einlullen lassen!

Ein Kollege von uns (Friedrich Haalck) hat ein Buch mit dem klaren Titel »Pestizide - Nein danke« herausgebracht. Darin sind die wesentlichen Agrargifte mit ihren Wirkungen dargestellt (Book on Demand). Ein Vorwort dazu ist in der Anlage zu finden.

Im Verlag »Lebendige Erde« ist die deutsche Ausgabe eines US-Titels über CSA Höfe von Trauger Groh und Steve McFadden mit dem Titel »Höfe der Zukunft« erschienen. Den Umschlag schmückt ein Bild von unserem letzten Erntedankfest.

Über unsere **Hofmusikantin** Anna Sophie hat die NOZ einen lesenswerten Artikel verfasst, der auch auf unserer homepage zu finden ist.

Herzliche Grüße

Euer Team vom CSA Hof Pente

Rinderstall

Beim Salat pflanzen

Nachrichten vom Hof März 2014

Gott schläft in den Steinen,
atmet in den Pflanzen,
träumt in den Tieren
und will in den Menschen erwachen.
Hinduistische Weisheit

Der diesjährige Winter bescherte uns eine immerwährende Märzenzeit. Die wertvollen, leckeren, frischen Wintersalate aus dem Gewächshaus können allmählich dem Frühlingsanbau weichen. Der noch schlafende Mangold erwacht langsam zu neuen Wachstumstaten. Frühlingszwiebeln und Radieschen sind in dem erwartungsvollen Mutterboden gepflanzt. Die junge **Sieglinde** hat in Vorkeimkisten vorsichtig tastend ihre jungen Triebe gebildet und heute (26 Februar) – so früh wie noch nie! - wurde sie zusammen mit **Bamberger Hörnla** und **Blauen Schweden** in frische Dämme gelegt. Ab jetzt könnt ihr also 100 Tage zählen, dann könnte es die ersten Frühkartoffeln in diesem Jahr geben.

Wer es noch nicht wusste, konnte es körperlich erfahren, wie steinreich unser CSA Hof ist. Mehr als zehn Mitglieder rissen sich zusammen und sammelten gemeinsam auf dem »Rosengarten« einige Kisten Feldsteine. Damit wurden gute Voraussetzungen für den Frühjahrsanbau geschaffen, denn Steine können die Bodenbearbeitungsgeräte erheblich verschleißen.

Unsere Jung-Eber bereiten mit großer Lust den Ackerboden für die Aussaat vor. Bodenschonender als wir es mit unseren schweren Maschinen könnten, durchrüsseln sie die Erde auf der Suche nach Quecke und anderen Delikatessen. Bei den Wühltieren sind drei neue Schweinegesichter zu sehen. Der Nachwuchs für **PSDS** (Pente sucht den Superstar). Denn wir brauchen ab und zu »frisches Blut« für eine gesunde Ferkelnachzucht. Der Versuch, diesen Hofbewohnern menschliche Kultur beizubringen, ist nicht immer erfolgreich. Das beherzte Unternehmen unserer jungen Johanna, die Schweine vor der Mahlzeit durch das Beibringen eines Abendmahlsliedes auf meditative Ruhe einzustimmen, scheiterte am dissonannten Chor der Schlappohren kläglich.

Zwischenzeitlich machte sich unser **Herkules** mit großer Begeisterung und nachhaltigem Einsatz bei den Sauen anderer Züchter in West- und Ost- (ercappeln) um den Nachwuchs seiner Rasse verdient. Ein wertvolles Unterfangen, denn Ebersperma von »Bunten Bentheimern« gibt es bei den offiziellen Deckstationen nicht mehr. Unsere Altsau Mercedes pflegt ihre 5 Frischlinge. Ein etwas bescheideneres Ergebnis nach den 16 Ferkeln beim letzten Wurf. Jungsau Mira hat Mitte Februar 8 Ferkelchen auf die Welt gebracht.

Die weißen Krankenschwestern mit ihren mittlerweile überdimensionierten roten Kämmen haben derzeit die volle Macht über das Hofgelände übernommen. Alle Versuche, sie auf ihren durch zwei Zäune gesicherten Auslauf zu begrenzen, haben sie völlig ignoriert. Deshalb ist überall mit kleinen Bio-tretminen zu rechnen. Vergeblich haben wir gehofft, dass die **Hühner** mit zunehmenden Alter etwas bescheidener und umsichtiger würden, denn seit einiger Zeit schleicht ein Marder tief ins Gras geduckt um unsere Zäune. Allerdings hat sie ein Schneefall Anfang Februar, der sich in diesem Winter besonders rar gemacht hat, für kurze Zeit aus ihrem arroganten Selbstkonzept gebracht. Als die weißen Hühnchen an diesem Tage in ihrem Stall aufwachten und vor der Auslaufklappe verblüfft eine komplett weiße Welt erblicken, waren sie völlig irritiert. Zunächst wagten sie nicht, diesen für sie völlig neuen Aggregatzustand zu testen. Als Ingmar sie mit der Hand aus dem Nest holte, um ihnen eine neue Lebenserfahrung zu vermitteln, ließen sie sich ohne Flügelschlag in den weichen Pulverschnee plumpsen. Was mag die Hühnerpsyche so in ihren Bann gezogen haben? Wähnten sie sich bereits in einem weißen Universum? Träumten sie von der allumfassenden weißen Riesenhenne? Oder war sie fassungslos, weil der weiße Neger Wumbaba (aus Axel Hackes Verhörbuch) zugeschlagen hat? Wir wissen es nicht. Und wir waren auch nicht in der Lage, so schnell passende Schnee- oder Sonnenbrillen für unsere Hühnerschar zu besorgen, um eine eventuelle Schneeblindheit zu therapieren.

Bei unseren **Schafen** hat sich die Frühjahrsfruchtbarkeit schon voll entfaltet. Mehr als zehn junge Lämmchen tollen durch das grüne Gras. Aber wer genau hinschaut, der wird etwas Besonderes sehen. Zwischen den vielen roten Wollknäueln hüpft ein schwarzes. Ein schwarzer Rabenvogel stand im letzten Jahr längere Zeit mitten in der Herde…

Nach der erfolgreichen Berlin Demo gegen Massentierhaltung und Agrarindustrie (»**Wir haben es satt**«) kennt der Einsatz des Landeskriminalamtes (LKH)Hannover gegen Massentierhaltungs Gegner offenbar kein Halten mehr(siehe TAZ). Durch einen vom LKA in die Tierschützerszene eingeschleusten V-Mann sollte den Aktivisten Kenntnisse darüber vermittelt werden, wie man am besten Massentierställe abfackelt, deren Bauplätze unter Wasser setzt und andere effektive Straftaten begeht. Das kam den Tierschützern sonderbar vor. Dreimal darf man raten, was passiert wäre, wenn diese Szene darauf eingegangen wäre. Wollten staatliche Stellen dazu beitragen, dass Tierschutz- Protest diffamiert und kriminalisiert wird? Dazu empfehlen wir den gut recherchierten und spannenden Krimi von Wolfgang Schorlau: »Am zwölften Tag«.

Kein Niveau ist so niedrig, als dass es von den Lobbyisten nicht noch unterschritten werden könnte. Auf der diesjährigen Grünen Woche in Berlin, der Leistungsschau der deutschen Landwirtschaft, versuchte die **Chemie Lobbyverband IVA**

(Industrieverband Agrar) mit einem speziellen »Info«stand die Besucher zu verblöden. Auf einem als Biostand getarnten Tisch wurden **Mehlwürmer** auf welke Kohlblättern gestreut, um zu zeigen, wie eklig Biogemüse ist. Ein heller Besucherkopf wies darauf hin, dass Kohl doch wirklich keine artgerechte Ernährung für Mehlwürmer sei und diese verhungern würden und auch weitere Ausstellungsbesucher schüttelten angesichts dieses alle Intelligenzquotienten unterbietenden Standes den Kopf. Als offensichtlich wurde, dass dieser Schuss der Industrielobby nach hinten los ging, bauten diese »Agrarfachleute« den Übelstand nach kaum einem Tag wieder ab.

Auch die eher industriefreundliche EU-Lebensmittelbehörde **EFSA** musste eine kleine Einsicht verkraften. Sie teilte mit, dass die Gen Mais Sorte Herkules nun doch Bienen und Marienkäfern schadet. Vor einem Jahr hatte sie dem Agrarchemie Multi Dow Chemical und Dupont noch eine Unbedenklichkeitsbescheinigung ausgestellt.

Bedenklich ist aber, dass die zuständigen Bundesbehörden dem Agrargift Glyphosat trotz gegenteiliger Untersuchungsergebnisse eine Unbedenklichkeitsbescheinigung ausstellen wollen. Der Einfluss von **Monsanto** ist nicht zu unterschätzen. Mit außergewöhnlicher Logik und bestechender Intelligenz beurteilte eine FDP EU Abgeordnete die Tatsache, dass Agrargifte mittlerweile zunehmend im Urin der EU Bürger zu finden sind: Das beweise ja geradezu ihre Ungefährlichkeit, da sie ja den Körper verlassen. Mit der gleichen Logik könnte man ja den Waffenherstellern empfehlen, die Durchschlagskraft ihrer Waffen und Munition soweit zu erhöhen, dass die Munition auf jeden Fall zu einem Durchschuss führt, der für Kopf und Herz folgerichtig völlig ungefährlich ist. Die von der Weltgesundheitsorganisation (WHO) kürzlich festgestellte drastische Zunahme von Krebserkrankungen hat nach Bekunden dieser Lobbypolitiker selbstverständlich nichts mit Pestiziden zu tun.

Ermutigend ist aber auch zu sehen, dass der Widerstand gegen die endgültige Machtübernahme durch die Multis wächst. 130 interessierte Menschen waren zur Informationsveranstaltung über das sogenannte Freihandelsabkommen mit dem EU Abgeordneten **Martin Häusling** gekommen.

In Geheimverhandlungen versuchen etwa 600 Lobbyvertreter mit US- und EU-Handelspolitikern, die Standards für die Lebensmittelsicherheit, die als Handels- und Profithindernisse gelten, herabzusetzen. Ziel: Keine Kennzeichnung für Gentechnik in der Nahrung. Unterhöhlung von Umwelt- und Sozialgesetzen, dort, wo sie Profite stören. Um die Durchsetzung dieser Interessen zu garantieren, werden die EU-Büros in Brüssel und die EU-Außenvertretung in den USA von US-amerikanischen Geheimdiensten verwanzt. Und des Wahnsinns fette Beute: Wenn ein Land die Standards nicht absenken will, kann der Konzern den entgangenen Gewinn von dem Staat (d.h. von den Bürgern) einklagen; vor einem Sondergericht, bestehend aus 3 Anwälten, mit bindender Wirkung. Einspruch unzulässig. US-amerikanische Anwaltskanzleien rüsten schon auf, um beim Feldzug gegen die Portemonnaies der Bürger dabei zu sein. Dieses Abkommen gleicht einem Monster aus einem Horrorfilm. Ist es verabschiedet, ist es praktisch nicht mehr aufzukündigen, weil man dazu die Zustimmung aller Beteiligten bräuchte. - Gegenstimmen auf Campact im Internet.

Was kann man tun? Wir wissen nicht, was Monsanto empfiehlt. Wir empfehlen anti-idiotisches Handeln. Die klassische bürgerliche Demokratie (polis) unterschied zwischen dem »**zoon politikon**« und den »idiotes«. Der erstere war derjenige, der sich aktiv für das Gemeinwesen einsetzte.

»**Idiotai**« dagegen kümmerten sich ausschließlich um ihre Privatangelegenheiten. Diese Ahnungslosen galten aufgrund ihres Desinteresses und fehlenden politischen Engagements als verachtenswert.

Heutzutage wird diese arrogante, ignorante Besserwissermentalität als »Zuschauer-demokratie« bezeichnet. Eine Verhaltensweise, die das demokratische Gemeinwesen auflöst.

Wir hoffen, dass wir – und all unsere CSA-Mitglieder – uns nicht als »idiotai« betrachten müssen, sondern einen kleinen widerständigen Demokratie-Beitrag leisten.

Daher freuen wir uns auch über das anhaltende öffentliche Interesse. Der **NDR** will einen 90-minütigen Film über das CSA-Projekt bringen.

Der Abholraum wurde mit grosser Unterstütung aus dem Mitgliederkreis neu gestrichen. Die weisse Wandfarbe kommt von unseren Mitgliedern Familie Kahlmeier, die die Farbe aus 6 »essbaren« Zutaten selber herstellen: Kreide, Marmormehl, Kaolin, pflanzlichem Eiweiß, Cellulose und Soda. Hier gibt's noch mehr Infos: http://**pintura**.at/index.html. Außerdem wurde von Julia die Frage aufgeworfen evtl. einen neuen Namen für den Abholraum zu finden. Ihr Vorschlag ist »Teilraum«. Das ist zwar (noch) kein schönes Wort, kommt aber der Sache schon viel näher. Dazu würde die »Teilzeit« kommen und die »Teilgeber« statt »Mitglieder«. Weitere Vorschläge sind »Futterkrippe«, »Mitteilraum«, »salon de gouche«.

Neu im Kinderbauernhof ist Lena Burki, augebildete Erzieherin, zusammen mit ihrem Söhnchen Ben. Herzlich willkommen!

Viele liebe Grüße vom CSA Hof Pente

Nachrichten vom Hof - April 2014

Der Sämann zog hinaus um zu säen. Und beim Säen geschah es: das eine fiel auf den Weg neben hin. Und die Vögel kamen und fraßen es weg. Und anderes fiel auf felsigen Grund, wo es nicht viel Erde hatte. Und gleich schoss es herauf, weil es keine Tiefe in der Erde hatte. Doch als die Sonne aufging, ward es verbrannt und verdorrte, weil es keine Wurzeln hatte. Und anderes fiel unter die Disteln und diese stiegen auf und erstickten es. Und Frucht gab es keine. Und anderes fiel auf die rechte Erde und gab Frucht. Und es stieg auf und mehrte sich und trug dreißigfach, ja sechzig- und hundertfach. Und er sagte, wer Ohren hat, die hören können, höre!
Markus 4.1-9

Das stabile Hochdruckgebiet Anfang März über der Nordsee bescherte uns herrlich warme Vorfrühlingstage. Sonnengelbe Narzissen erstrahlen im saftigen Grün der Gräser. Die Schlehe durchschimmert weiß leuchtend die Hecken und überall bricht ahnend aus den Knospen frisches neues Leben.
Ist es nicht immer wieder ein Wunder, wie Saat und Knospe als Durchtrittsort des Lebens sich selbst und alles um sich verwandelt? Aus der Welt des Unsichtbaren tritt uns sinnlich erfahrbare Schönheit und Fruchtbarkeit entgegen. Im Chinesischen gibt es für diesen Begriff der "**Wandlung**" das ursprüngliche Schriftzeichen als Bild des **Samenkorns**, das sich selbst und damit gleichzeitig den Boden darum transformiert. In der biologisch dyna-

mischen Landwirtschaft kümmern wir uns um dieses Lebendige. Die industrielle Landwirtschaft dagegen widmet sich dem Stoff mit Pestiziden und Düngesalzen. Daher ist die Frühlingszeit für uns auch eine besondere Zeit für die Präparate-Herstellung und -Anwendung.

Frühlingszwiebeln, Frühlingssalate, Kohlrabi, Mangold, Stielmus sind gepflanzt und gedeihen prächtig unter den milden Sonnenstrahlen. Wir sind froh, dass wir in diesem Winter bislang immer auch frisches Gemüse und Salate anbieten konnten. Zusätzlich hatten wir unser Angebot etwas erweitert. Dazu auch gehören auch die **Gemüsemalve** und die besondere Knolle **Topinambur**, die herrlich nussige Alternativkartoffel, aus der man auch sehr speziellen Schnaps brennen kann. Der elegante Name stammt übrigens von brasilianischen Kannibalen. Der Stamm der »Topinamba« fing ab und zu einige der sonst als Landräuber nicht sonderlich beliebten portugiesischen Eroberer und aß sie auf. Man gönnt sich ja sonst nichts.

Neu im Angebot ist auch das »**Oberkulmer Rotkorn**«, eine sehr alte wohlschmeckende Dinkelsorte, die allerdings nur einen bescheidenen Ertrag bringt. Dinkel ist in diesem Frühjahr in Europa so knapp, das er fast mit Gold aufgewogen wird. Dieses Getreide muss übrigens nach dem Dreschen noch in einem speziellen Arbeitsgang entspelzt werden. Jedes einzelne Korn ist wie ein Bonbon separat eingepackt. Dieser Spelz dient als Füllung in Dinkelkissen. Bei uns haben die »Krankenschwestern« das Privileg, darin ihre Eier legen zu dürfen -

wenn sie nicht gerade aus masochistischer Perversion Schraubenkästen in der Werkstatt bevorzugen.

Ein weiteres Getreide ist der besonders gesunde mineralreiche »**Lichtkorn Roggen**«. Bereits auf dem Acker verbreitet er während des Wachstums eine grüngoldhelle Aura. Er ist bekömmlicher als der nordische Standardroggen.

Einen gelungenen Versuch haben wir mit dem Anbau von der »**Nacktgerste - Pirona**« gemacht. Manche mögen's heiß - als Alternative zum Reis. Lichtkornroggen und Pirona Gerste sind beides biologisch-dynamische Züchtungen. Auch der **Mais** soll in diesem Jahr nicht nur die Hühnchen verwöhnen. Nach einem gelungenen Polenta-Test bieten wir Mais auch unseren Mitgliedern in gereinigter und gemahlener Form an.

Wer es noch nicht gesehen hat: der **Vorraum** (Umkleide) ist fertig. Eine alte Eichenholzegge dient als Garderobe. Das Waschbecken steht auf einem stämmigen Untergestell, das vor etwa 300 Jahren als Bestandteil eines Webstuhls gefertigt und vor 90 Jahren in einen Kreissägebock verwandelt wurde.

Unsere diesjährigen **Lagerkartoffeln** "**Linda**" und die weich kochende "**Gunda**" wachsen auf dem "**Rosengarten**". Der Name stammt übrigens aus der Zeit, als sich die hiesigen jungen Männer vor etwa 200 Jahren jeweils im Frühjahr zum Mähen mit der Sense zu Fuß auf ihren Holzschuhen nach Holland aufmachten. Auf dem Rückweg brachten sie manchmal Rosenstecklinge mit. Zuhause wurden sie an den Wegen und Gärten gepflanzt. Unsere Nachbarin hat noch einige uralte, herrlich duftende Rosenbüsche aus dieser Zeit.

Im Frühjahr werden auch die Beete neu abgesteckt. Früher wurden die Flächenmaße nicht nach Quantität in Quadratmetern, sondern nach Bodenqualität berechnet. Wieviel **Scheffel** (das ist ein dicht geflochtenes flaches Behältnis von der Form eines riesigen Kehrblechs) braucht man jeweils für eine bestimmte Fläche? Bei gutem alten Kulturboden weniger als bei schlechtem (siehe Bibel). Ein Scheffel war etwa 30 £ (15 kg) Hafer oder 44 £ (22 kg) Roggen. Bei sehr guten Böden waren es acht Scheffel Saat, bei mageren Sandböden etwa zwölf pro Hektar. So kommt es, dass nach Einführung der Dezimalrechnung gilt: Ein Scheffelsaat entspricht etwa 1000 m² gleich 1/10 ha.

Aber es wurde auch nach Arbeitsleistung gerechnet. Ein **Morgen** sind etwa 4000 m². Das war so viel wie ein Bauer an einem Morgen (5-6 h) mit seinem Gespann pflügen konnte. (Je nach Region etwa 2.500qm bis zu 5.700qm in Wien.)

Lukas hat in diesem Jahr Sortenversuche mit **Winterweizen** aus Demeter Züchtung vorbereitet. Jeweils auf ebener Fläche und alternativ dazu auf Dämmen. Diese Versuchsreihen standen im zeitigen Frühjahr komplett unter Wasser, weil die Wurzeln der Heckenbüsche in unsere Dränage eingedrungen waren. Denn diese Fläche (Nie Wiske) ist ein uraltes Flusstal, was früher, wie der Name schon sagt, als Weide genutzt wurde. Also musste gebaggert und gegraben werden.

Als Vorfrucht zum diesjährigen **Sommerweizenanbau** nutzten wir in diesem Jahr die **Schweine**. Mit großer Lust konnten sie ihrer Spezial Disziplin frönen, dem Aufwühlen und Hochwerfen von Grasplaggen, verbunden mit dem schmatzenden Genuss von Queckenwurzeln. Einen Teil dieser Landbearbeiter haben wir bereits unseren Mitgliedern zum Verzehr freigegeben. Prächtig gedeihen derzeit unsere Ferkel. Ihre Sauenmütter teilten sich die Aufsicht der jugendlichen Schweinebande, bis es die pubertierenden Wühler unseren wilden Hennen nachmachten. Nach dem Motto: "follow the white hen« ignorieren sie zeitweise alle Zäune. Hier half nur eine radikale Umsiedlungspolitik mit konsequenter Artentrennung. Nun bereiten sie die Sommerkohlfläche vor.

Unsere **Schafherde** hat sich weiter verjüngt und sich auf über 30 Wollknäuel erweitert. Auch der Jungschäfernachwuchs ist gesichert. Eines Sonntags waren Johanna, Anja-Grace und Claudia verschwunden. Wieder entdeckt wurden sie, als wir feststellten, dass sie eigenmächtig und außerordentlich großzügig die Weideflächen für die Herde umgesteckt hatten.

Anders als in Berlin-Brandenburg konnte in diesem Jahr in Pente weit vor dem geplanten Eröffnungszeitraum der **Flugbetrieb** aufgenommen werden. Bei Temperaturen von fast 20° Anfang März legten unsere **Bienen** unter der bewährten Flugleitung von Martin und Lukas ungezählte Starts und Landungen hin, um die reichlich Pollen tragenden

Pflanzen zu beglücken und ihre Brut zu versorgen. Eine klassische win-win Situation, die hoffentlich auch wir in Form von reichhaltiger Frucht genießen dürfen. Martin, Jürgen und andere hilfreiche Hände waren kräftig dabei, bei unseren Obstbäumen mit geübten Augen und konsequentem Schnitt die aufsteigenden Säfte in die fruchtbarsten Bahnen zu lenken.
Das kann man von der derzeitigen **Agrarpolitik** nicht sagen. Offensichtlich braucht Frau Merkel die FDP gar nicht, um die vom Finanzkapital diktierten Wünsche der Agrarlobby zu erfüllen. Scheinheilig enthält sie sich bei der Entscheidung um die Einführung des Genmaises 1507 des US-Konzerns Pioneer Hi-Breed. Durch die entscheidende Rolle Deutschlands gibt Merkel damit der EU Kommission grünes Licht für die Einführung der **Gentechnik** in der EU. Dieser Genmais soll angeblich sogar gegen das hochgiftige Pestizid Glufosinat resistent sein. Genmais Pollen kennen aufgrund der Tätigkeit von Bienen und anderen Insekten und des noch nicht völlig von der EU-Kommission steuerbaren Windes keine Grenzen. Angeblich vorgeschriebene Abstandsregelungen sind daher reine Heuchelei. Vielleicht hofft die Kanzlerin ja, dass sich die Wähler genauso leicht manipulieren lassen wie Genmais. Ein weiteres Kuckucksei versucht die Kommission, angeblich zum Schutze des Verbrauchers, in die Biolandwirtschaft zu schmuggeln: die **Umkehrung des Verursacherprinzips** zu Gunsten von Giftspritzern. Scheinheilig flötet die EU: der Verbraucher erwarte schließlich bei Bioprodukten,

dass sie wesentlich geringere Grenzwerte für Gifte enthalten als die konventionellen. Die Verantwortung und Haftung verlagert sie aber auf die Betriebe, die gar kein Gift anwenden. Aus Feigheit, sich mit den Verursachern, den Chemiekonzernen und den Anwendern anzulegen. Das könnte man »Talibanisierung« des Rechts nennen. Die Taliban haben sich ja dadurch mit Ruhm bekleckert, weil sie nicht die Vergewaltiger, sondern die vergewaltigten Frauen anklagten. Vielleicht, weil eine Frau die unverschleierte Dreistigkeit besaß, ohne männlichen Schutz das Haus zu verlassen. Man könnte manchmal verzweifeln. Aber ein Blick in unsere **Regionalgeschichte** zeigt, dass es früher auch nicht wesentlich besser war. Vor 400 Jahren und danach überfielen ständig Militärs und Räuberbanden die Bauernhöfe, um sie auszuplündern und die Menschen zu terrorisieren. Am Sonntag, dem 29. März 1591, schlossen sich etwa 800 Bauern dieser Region zusammen, um mit Mistgabeln und Spießen dem Terror ein Ende zu machen. In Ueffeln im Gehn trafen sie auf die berüchtigte »Blaue Fahne«, eine 80 Mann starke geharnischte Reitertruppe der Spanier, die in kurzer Zeit 300 Bauern wie Schafe niedermetzelten. Der Ort heißt heute noch »Totenkuhle«.

Bleiben wir beim Positiven: Wir haben gerade die Urkunde für **25 Jahre Anbau** nach den Richtlinien des organisch biologischen Landbaus von Bioland erhalten. Verblüffenderweise erwartet nun auch

eine Vereinigung von Finanzspekulanten von uns kleinen Biobauern, ihr ramponiertes Image zu retten. So lässt es zumindest ein als »Angebot zur Auszeichnung« verklausuliertes Schreiben der **Deutschen Bank** schließen. Aufgrund zahlreicher Straftaten wie: Zinsmanipulation, Umsatzsteuerbetrug, Scheinhandel mit CO_2-Zertifikaten, Wetten auf den Konkurs ihrer eigenen Kunden... wird das mittlere Management auf Ethikkurse bei der Deutschen Bank Akademie geschickt. Anstatt die kriminelle Praxis zu verändern, fressen sie Kreide. Zu dieser Strategie gehört, dass man nun Initiativen sucht, die sich anscheinend durch Innovationen im ländlichen Raum besonders verdient gemacht haben. 100 Preisträger sollen in Kooperation von Deutsche Bank und Bundeswissenschaftsministerium ausgezeichnet werden. Aufgrund der unvorstellbaren Armut des Preisstifters gibt es natürlich kein Geld dafür. Aber das Logo mit dem Zusatz "nationaler Förderer Deutsche Bank" darf man dann auf seine Homepage setzen, um den irreführenden Eindruck zu erwecken, man würde tatsächlich von diesen asozialen Finanzjongleuren unterstützt. Geht's noch?
Ein anderer Förderer ist da großzügiger. **Wolfgang Wöstmann**, Mitbegründer und Geschäftsführer des Netzwerkes »Niedersächsisches Institut für frühkindliche Bildung und Entwicklung« (NIFBE), stiftete sein volles Preisgeld (500 €), mit dem er von der Initiative "Haus der kleinen Forscher« ausgezeichnet wurde, für den Bau eines **Lehmbackofens** im Bereich Kinderbauernhof.

Danke auch an weitere großzügige Förderer: das 7-Gang-Urlaubs-Benefiz-Menü von Basti und Jonathan – Samstag professionell unterstützt von Tanja - ermöglichte 14 Mitgliedern einen Abend voller Gaumen-Genüssen und den beiden Köchen einen Urlaubstrip nach Berlin.

Herzliche Frühlingsgrüße, euer Team vom CSA Hof Pente

Pestizide nein Danke!

Es besteht kein ernsthafter Zweifel daran, dass der zunehmende Einsatz von Pestiziden in der Landwirtschaft zu wachsenden gesundheitlichen Problemen führt. Sie befördern das Artensterben, gelangen ins Grundwasser und beeinträchtigen damit die Trinkwasserqualität, sie haben unkontrollierbare hormonelle Wirkung auf viele Lebewesen, sie befördern das Bienensterben und schädigen die Selbstregulierungskräfte der Natur.

Darüber hinaus gibt es ungeahnte metabolische Wirkungen, die durch die Reaktion und Kombination dieser Gifte und ihrer Abbauprodukte entstehen und unter Umständen noch gefährlicher sind als die Ausgangsstoffe. Persistente Stoffgruppen gelangen über die Ausscheidungen in die Kläranlagen. So dass auch die Klärschlämme kaum noch als Düngemittel einzusetzen sind. Diese Stoffe finden sich letztlich auch in den Lebensmitteln wieder, die der Mensch zu sich nimmt.

In Folge von Abdrift und Erosion sind sogar Bioflächen gefährdet. Durch Ausschwemmung, Versickerung und andere Einträge gelangen die Agrargifte über Oberflächengewässer und Grundwasser in geschützte Biotope und letztlich auch in maritime Gewässer. Der massenhafte Einsatz von Pestiziden führt, ähnlich wie beim Einsatz von Antibiotika in der Massentierhaltung, zunehmend zu Resistenzen bei Problem »Un«kräutern. Immer neue Mittel müssen entwickelt, Dosierungen erhöht werden, um noch Wirkungen zu erzielen. Die EU fordert daher, nichtchemische Methoden der Beikrautregulierung zu bevorzugen, um die Abhängigkeit der konventionellen Landwirtschaft von Pestiziden zu reduzieren. Zwar hat die Bundesregierung aufgrund einer Rahmenrichtlinie der EU von 2009 nun einen »Nationalen Aktionsplan zur nachhaltigen Anwendung von Pflanzenschutzmitteln« (NAP) vorgelegt. Allerdings ist dieser nach Ansicht von Kritikern ein »Papiertiger«. Die zunächst beteiligten Umwelt-, Wasser- und Imkerverbände sind Ende 2011 aus der gemeinsamen Arbeitsgruppe ausgestiegen, weil absehbar war, dass sich das Ergebnis politisch einseitig an den Interessen der Agrarindustrie orientieren würde.

Wie kann sich trotz der genannten Gefährdungspotenziale die Agrarindustrie immer wieder durchsetzen, wo doch angeblich die Gesundheit und der Verbraucherschutz an erster Stelle stehen? Wie kann es sein, dass eine solche Form von Landwirtschaft, die diese Mittel bedenkenlos einsetzt, noch vom Steuerzahler bezuschusst wird? Wo doch die Folgeschäden, wie zunehmende Wasseraufbereitungskosten, Krankheiten, Resistenzbildungen und Naturverluste von der Allgemeinheit noch zusätzlich zu tragen sind? Wie ist dieses vereinbar mit der angeblichen Zielsetzung der EU Agrarreform, die von Agrarkommissar Ciolos so benannt wurde:

»nur noch öffentliche Mittel für Leistungen, die der Allgemeinheit dienen«? Um dieses zu verstehen, muss man auf die Strategien der ökonomischen Profiteure des Systems eingehen. Es handelt sich um eine Strategie der Täuschung und Selbsttäuschung auf verschiedenen Ebenen.

Zunächst die Sprache: die Agrarindustrie spricht von »Pflanzenschutzmitteln«. Ein klarer Euphemismus. Es sind Pflanzenvernichtungsmittel, die niemals so spezifisch wirken, dass Nebenwirkungen ausgeschlossen werden können. Wer aber die Sprache beherrscht, beherrscht die Köpfe. Gerade in Deutschland haben wir dazu eine ungute Tradition, wie die Worte »Sonderbehandlung« und »Endlösung« zeigen, die kaum noch unbedarft zu nutzen sind. Der Nationale Aktionsplan benutzt aber die verharmlosende Bezeichnung »Pflanzenschutzmittel« in Kombination mit dem Begriff »Nachhaltigkeit«. Dieser einst aus der Forstwirtschaft stammende Begriff, der meint, dass wir niemals der Natur mehr entnehmen dürfen, als nachwächst, ist mittlerweile zu einer Begriffshülse verkommen. Hier drängt sich der Verdacht auf, dass der nachhaltige profitable Absatz von Pestiziden gesichert werden soll. Das ist zweifelsohne die klare Interessenlage eines Teils der Agrarindustrie. Durch ein intensiv gefördertes Netzwerk nimmt sie Einfluss auf alle relevanten Politikbereiche bis hin zu Zulassungsbehörden und Forschungseinrichtungen. Das wird zum Beispiel deutlich bei der personellen Besetzung der europäischen Überwachungsbehörde

EFSA mit Mitarbeitern aus einschlägigen agrarindustrieellen Verflechtungen, wie kürzlich sogar vom Europäischen Rechnungshof gerügt wurde. Hier wird der Bock zum Gärtner gemacht.

Die Chemiekonzerne verstehen es darüber hinaus, durch Vergabe von lukrativen Aufsichtsratsposten an Spitzenfunktionäre der Bauernorganisationen, diese ideologisch an sich zu binden.

Die konventionelle Agrarpresse ist ebenfalls infiziert. Aus ökonomischen Gründen sehen sich Mitarbeiter immer häufiger in der Rolle, für die Anzeigen der Agrarindustrie ein »günstiges redaktionelles Umfeld« zu schaffen, wie es euphemistisch heißt. Die landwirtschaftliche Aus- und Weiterbildung sowie Beratung, ist weitgehend auf die konventionelle chemische Agrarwirtschaft ausgerichtet. Im Unterricht herrschen häufig die bunten Hochglanz-Prospekte der Agrarchemie vor. Hier wird in oft einfacher Art und Weise bedenkenlos für den Einsatz der Gifte zum günstigsten Zeitpunkt geworben, um ungebetene Kräuter zu vernichten. Diese Pflanzen jedoch als Beikraut sehen zu können, das auch wichtige Hinweise auf zum Beispiel Bodenverdichtungen, Mangelerscheinungen oder Fehlbearbeitungen geben könnte, erfordert mehr Verständnis für ackerbauliche Zusammenhänge. Dadurch würde die Wahrnehmungsfähigkeit für die differenzierten Naturphänomene gefördert werden. Mit Agrarchemie kann der Boden einseitig zu Massenerträgen genötigt werden. Dabei werden allerdings

Qualität und Vielfalt des Bodenlebens stark in Mitleidenschaft gezogen.

Vielleicht ist es kein Zufall: Agrarchemie und Krieg gegen Natur und Mensch sind eng verbunden. Vielen ist noch in Erinnerung: »Agent Orange«, ein auch in Deutschland gebräuchliches Herbizid, wurde im Vietnamkrieg massenhaft von den USA eingesetzt, um großflächig den Urwald zu vernichten und den Boden unfruchtbar werden zu lassen. Die angerichteten Schäden lassen sich auch heute noch besichtigen. Darüber hinaus wurde unendliches menschliches Leid durch Missbildungen und Erbschäden hervorgerufen.

Der Ammoniumstickstoff diente im Ersten Weltkrieg, nach der Erfindung der Stickstoffgewinnung aus der Luft durch das Haber-Bosch-Verfahren, als massenhaft eingesetzter Sprengstoff. Millionen Soldaten fielen diesem chemischen Explosivstoff in den Schützengräben zum Opfer. Nach der Beendigung dieses Massenschlachtens suchte die chemische Industrie mit ihren plötzlichen Überkapazitäten ein neues Verkaufsfeld. Die Landwirtschaft wurde entdeckt.

Auch die wissenschaftliche Forschung befindet sich in einem konkreten politischen und ökonomischen Umfeld. Die Drittmittelfinanzierung nimmt einen immer größeren Raum ein und wird zum Aushängeschild des vermeintlichen Erfolges. Woher kommt dieses Geld? Von denen, die darüber verfügen können und es effektiv für die Durchsetzung ihrer Interessen einsetzen. Das sind sicher nicht die

Verbraucherverbände oder Organisationen des ökologischen Anbaus. Forschungsförderung und die Einrichtung von Stiftungsprofessuren gehören immer mehr zur Strategie der Einflussnahme von Konzernen. Aber auch Forschungsverbote. So wird zum Beispiel durch konkrete Patentschutzregelungen Forschung an dem Risikopotenzial der Agrarchemie behindert, wie konkret am Beispiel Glyphosat in den USA berichtet wird.

Hier kommt ein weiteres Strategieelement ins Spiel: der Kampf um die Grenzwerte. Dort wo es möglich ist, drängt die Agrarchemie auf die Erhöhung der tolerierbaren Grenzwerte. Diese wurden kürzlich erheblich erhöht, um aufgrund der bereits bestehenden Verseuchung nicht in Schwierigkeiten zu kommen. Die Spitze der politischen Einflussnahme findet sich im jüngsten US-amerikanischen Haushaltsgesetz, wo Monsanto, zunächst unbemerkt, einen Passus hineinschmuggeln ließ, das sie in den USA nicht mehr wegen mangelhaften Verbraucherschutzes juristisch belangt werden kann. Ein ähnlicher Coup ist den Agrarchemie Strategen in der EU gelungen. Kartoffeln und Getreide sind bis zur Ernte, nach Definition einer Verordnung, noch keine Lebensmittel und dürfen bis zu diesem Tage noch mit Pestiziden gespritzt werden.

Friedrich Haalck hat eine umfassende Sammlung der aktuellen Entwicklungen auf dem Gebiet der Agrarpestizide in einem Buch zusammengestellt.

Sie macht deutlich, wie die einseitig auf diese Mittel setzende Landwirtschaft ihre Unschuld verliert, wie die Agrarchemie die Bauern, die Lieferanten unserer Lebensmittel, die Treuhänder von Grund und Boden, zunehmend in ihre Abhängigkeit bringt. Ein Ausweg kann nur in einem gemeinsamen Verständnis der Rolle von Landwirtschaft zwischen Bauern und Verbrauchern liegen. Denn unter einseitigem ökonomischem Druck nimmt in der Landwirtschaft die betriebswirtschaftliche Orientierung an hohen Einzelerträgen zu. Hier liegt der Stolz vieler Praktiker.

Stattdessen muss eine zukunftsfähige Landwirtschaft stärker an den Leistungen für das Gesamtsystem, in dem sie tätig ist, gemessen werden. Diese wichtigen Dienstleistungen an der Allgemeinheit liegen im wachsenden Maße im Klimaschutz, in der Erhaltung eines gesunden Wasserhaushaltes, der Erlebnisqualität der Landschaft und der Erhaltung und Pflege der Artenvielfalt neben der Schaffung einer sicheren, gesunden, schadstofffreien Ernährung. Die Basis dafür ist ein gesunder Boden. Eine Handvoll Ackerboden enthält mehr Lebewesen als sich Menschen auf diesem Planeten befinden. Und dieser komplexe Zusammenhang ist noch nicht einmal im Ansatz erforscht.

Johannes Hartkemeyer, Pente, Oktober 2013

Dieser Beitrag entstand als Vorwort des Buches »Pestizide nein Danke« vorn Friedrich Haalck

Verwandlung von Schule[2]

Von Peter Guttenhöfer[3]

Kinder können sich oft nicht mehr mit der Erde und ihrem Leib verbinden, weil ihnen elementare Sinneserfahrungen fehlen. Was heute «Schule» ist, war einst für ganz andere Daseinsformen gedacht. Notwendig ist es, statt «Schule» Lebensfelder zu organisieren, in denen die Erwachsenen und die Kinder gemeinsam tätig sein können und so eine neue Handlungspädagogik entsteht. In der Heilpädagogik und Sozialtherapie sind solche Formen mancherorts bereits entwickelt und bewährt.

Es erscheint paradox: Einerseits besinnt sich die moderne Menschheit immer tiefer auf das Wesen des Kindes und die Wunder seiner Entwicklung, andererseits macht sie es ihren Kindern immer schwerer, auf der Erde eine richtige Kindheit zu durchleben und ihre Persönlichkeitsanlagen voll zu entfalten. Die Wohlstandszivilisationen hindern

---

[2] Dieser Beitrag erschien in »Punkt und Kreis« - Zeitschrift für anthroposophische Heilpädagogik, individuelle Entwicklung und Sozialkunst – Weihnachten 2013

[3] **Peter Guttenhöfer**, Dr. phil. - 35 Jahre Oberstufenlehrer für Deutsch, Geschichte, Kunstgeschichte; Mitbegründer des Lehrerseminars Kassel; Lehrbeauftragter an der Universität Kassel, weltweit tätig in Lehrerbildung und Schulberatung, Mitglied der Pädagogischen Forschungsstelle Kassel, Mitbegründer der Arbeitsgemeinschaft Handlungspädagogik, Pädagogischer Beirat der Adolf-Reichwein-Gesellschaft e.V., Autor von allerlei Veröffentlichungen in Büchern und Zeitschriften, Vater von sechs Kindern.

die Kinder mehr und mehr an der elementaren Erfahrung der eigenen Leiblichkeit in ihren spezifischen irdisch-sinnlichen Umgebungen, indem sie Elektrifizierung und Automatisierung mit Eile vorantreiben und das Ideal verfolgen, das Kind möglichst unbetroffen von Natureinwirkungen – Tieren, Wetter, Kinderkrankheiten u.a. – und so fern wie möglich, von der Arbeit der Erwachsenen aufwachsen zu lassen. Den meisten Zeitgenossen ist noch nicht bemerkbar geworden, dass damit dem geheimen «Entschluss» jedes Menschen, der ihn auf die Erde führt, entgegengewirkt wird. Der Sinn der Inkarnation in die physischen Bedingungen der Erde hinein liegt doch offensichtlich darin, dass das Geistige des Menschen sich durch die Materie zur Erscheinung ringt und auf diesem Weg die Materie mitverwandelt. Werden ihm aber durch das Aufwachsen in städtisch-bürgerlichem Wohlstandsmilieu mit den vielfältigen zivilisatorischen und technischen Errungenschaften die Gelegenheiten geschmälert, der physischen Materialität der Erde – dem Elementaren, dem Holz, dem Wasser, dem Matsch – wirklich leiblich-sinnlich zu begegnen, lernt er weder, was «Erde» ist, noch seinen materiellen Leib richtig zu bewohnen und zu beherrschen. Das bedeutet, dass ihm sein eigener Leib fremd bleibt und er in der Entwicklung des Willens, an der Erde zu lernen und an ihr zu schaffen, behindert wird.

Diese Beschneidung der Gesamtlebensbetätigung des Kindes setzt sich in der Schule fort. Die dort bestimmenden Aktivitäten sind vornehmlich kognitiver Art; Bewegung, Sinneswahrnehmungen, körperliches Handeln, Arbeiten, Spielen werden auf ein Minimum reduziert. In der Vergangenheit brachte das dörfliche, häusliche Alltagsleben des Kindes eine Fülle von notwendigen Tätigkeiten mit sich, an denen sich seine Kräfte, seine Geschicklichkeit, seine Ausdauer und sein Verantwortungsgefühl erweisen mussten. Das Kinderleben konnte sehr schwer sein; der Härte der Erdenbedingungen waren wohl die meisten Kinder aller Zeiten schon früh ausgesetzt. Deswegen bedeutete «Schule» einmal Befreiung aus dem dumpfen, niederziehenden Arbeitsleben. Höhere Bildung verhieß ein Leben ohne Handarbeit, ohne Fron auf dem Acker, ja, im Idealfalle fast ohne Erdenkontakt. Heute ist es total anders – jedenfalls in unseren mitteleuropäischen Überschussgebieten. Wir sträuben uns noch immer, einzusehen, wie umfassend verändert die Bedingungen des Heranwachsens heute bei uns sind, und halten fest an der alten «Schule» und ihren gewohnten Formen des Lehrlernens im Disziplinarsystem. Dadurch aber hindern wir die jungen Menschen daran, sich mit ihren individuellen Anlagen und Vornahmen ganz und gar in die physisch-irdischen Verhältnisse «hineinzuinkarnieren».

Um es in aller Schärfe – angesichts des weltweiten Schulelends berechtigt – zu sagen: Die traditionelle Schule behindert den jugendlichen Menschen.
Die Behinderung trifft in erster Linie die Entfaltung der Willenskräfte. Dieser Gedanke, so zugespitzt er erscheinen mag, führt uns dazu, den Begriff «Behinderung» erweitert zu denken, ganz im Sinne der Ideen, die zu der UN-Konvention über die Rechte von Menschen mit Behinderungen geführt haben. Staaten wenden große Mittel auf, um das Leben der – im gewohnten Sinne so genannten – behinderten Menschen möglichst zu «enthindern», Schul- und Erziehungssysteme derselben Staaten aber schleppen sich fort und erzeugen vielfältige Behinderungen in großem Maßstab.

Notwendig ist es, statt «Schule» Lebensfelder zu organisieren, in denen die Erwachsenen und die Kinder gemeinsam tätig sein können: Die Großen erwerbstätig arbeitend, die Kinder – je nach Altersstufe – mitspielend-mitarbeitend. Das Nachahmungsgenie der Kinder lässt sie lernen, was sich ihren Sinnen an Formen und Bewegungen darbietet, und ihr natürlicher Trieb zur Teilhabe an dem, was die großen Leute schaffen, findet seine Erfüllung, wenn sie wirklich einen kleinen eigenen Beitrag, der ohne sie ungetan bliebe, zum Gelingen des Werks leisten dürfen. Es scheint nicht mehr zeitgemäß, dass die Erwachsenen die Kinder direkt «erziehen», sondern dass sie sie «allmählich hereinnehmen in ihre Tätigkeiten», wie es Novalis schon vor 200 Jahren forderte. Dazu bedarf es einer «erzieherischen Umgebung»; diese erhält ihre erzieherische Wirkung dadurch, dass die Arbeit der Erwachsenen für den Erwerb des Lebensunterhalts notwendig und nicht aus pädagogischer Absicht künstlich veranstaltet ist. Nicht pädagogisieren, sondern kohärente Lebens- und Arbeitsfelder gestalten, in denen das Kind seine Selbstorganisation vollziehen kann! Nicht Musikunterricht erteilen, sondern gemeinsam musizieren, singen und tanzen!

Der Begriff, der als Leitbegriff zu dieser längst überfälligen Verwandlung von «Schule» führen könnte, heißt «Handlungspädagogik».
Völlig neue Formen des Zusammenwirkens von Alten und Jungen werden sichtbar; die alte Sitzpädagogik wird abgelöst durch einen gemeinsamen Willens- und Bewegungsstrom, in dem die Handlungsfähigkeit des jungen Menschen heranreifen kann.

In der Heilpädagogik und Sozialtherapie sind solche Formen längst entwickelt und bewährt, da vielfältigste Alternativen für kognitives Lernen gesucht und erprobt werden müssen. Bauernhöfe und Handwerkstätten werden betrieben, in denen Menschen mit speziellem Hilfebedarf – jung und alt – ihre Entwicklungswege finden können. Die Forderung nach Inklusion des behinderten Menschen in die allgemeinen Lern- und Arbeitsprozesse der Gesamtgesellschaft bringt nun seit einiger Zeit Bewegung in die Anschauungsgewohnheiten. Liegt es nicht nahe, den Begriff Inklusion ebenso erweitert zu denken, wie den der Behinderung? In die Lern- und Erziehungseinrichtungen für Jugendliche mit besonderem Erziehungsbedarf könnten doch ebenso Menschen «inkludiert» werden, die keinen solchen besonderen Bedarf aufweisen, wie umgekehrt. Denn die Mittel, um die künstliche Behinderung durch traditionelle Schulerziehung zu vermeiden oder wenigstens zu vermindern, sind ja in der Praxis der Heilpädagogik und Erziehungshilfe längst erprobt. Handlungspädagogische Lebensfelder stehen schon bereit. Der Begriff Inklusion würde dadurch seine Problematik verlieren. Ja, er könnte sich eigentlich schon wieder auflösen, nachdem er manches Erstarrte in Bewegung versetzt hat.

Idealer Ort für Handlungspädagogik wäre natürlich der landwirtschaftliche Hof. Als erzieherische Umgebung ist er ja in der heilpädagogischen Praxis bewährt und gut mit Finanzmitteln ausgestattet. Um aber der Allgemeinpädagogik einen neuen Entwicklungsimpuls zu verleihen, wären prototypische kleine erzieherische Umgebungen auf biologisch-dynamisch bewirtschafteten Höfen einzurichten. Dazu bedürfte es allerdings neuer Gemeinschafts- und Wirtschaftsformen im Landbau (Community Supported Agriculture); denn ohne solche ist der ökologisch gesonnene Bauer nicht zusätzlich belastbar, da er heute prinzipiell um den Erhalt seines Hofes ringt. Das Zusammenwirken von gemeinschaftsgetragenem Landbau und Erziehung würde auch dem Bauern neue Perspektiven für die Entwicklung seines Hofes als «Kulturoase» eröffnen.

Grundsätzlich kann der handlungs- pädagogische Impuls aber nicht auf landwirtschaftliche Höfe beschränkt sein.
Auch unter den Bedingungen des Lebens in der Großstadt oder gar im township ist er ansatzweise verwirklichbar. Der Hilfe bedürftig ist nicht nur der einzelne Mensch, auf gesundende Neugestaltung des Erziehungswesens – um der Kindheit eine Stätte zu geben – harrt heute die ganze Menschheit. Der erste Schritt ist getan, wenn die Begriffe in unseren Köpfen beweglich werden.

Erfahrungsräume für gelingende Lernprozesse[4]

Beitrag von Prof. Dr. Gerald Hüther[5]

Wer bereits als Kind oder zumindest später als Jugendlicher erlebt hat, wozu er in der Lage ist, was er alles zu leisten und zu bewältigen vermag und was es im Leben alles zu entdecken und zu gestalten gibt, wird sich über jede neue Lernerfahrung freuen. Die wichtigsten Erfahrungen in seinem Leben macht jeder Mensch in der Beziehung zu anderen Menschen. Und die beglückendsten Erfahrungen machen wir Menschen immer dann, wenn wir erleben dürfen, dass wir für andere bedeutsam sind, dass wir von anderen gewertschätzt und geachtet werden, wenn wir anderen helfen und uns um andere kümmern dürfen.

Die wichtigsten Erfahrungen machen wir Menschen im Zusammenleben mit anderen...

...und die für unsere eigene Lebensgestaltung

---

[4] Auszug aus dem Aufsatz „*Erfahrungsräume für gelingende Lernprozesse - Neurobiologische Rückenstärkung für eine handlungsorientierte Pädagogik*"

[5] **Gerald Hüther,** Prof. Dr. Sachbuchautor und Professor für Neurobiologe an der Universität Göttingen. Prof. Hüther zählt zu den bekanntesten Hirnforschern Deutschlands. Praktisch befasst er sich im Rahmen verschiedener Initiativen und Projekte mit neurobiologischer Präventionsforschung.

günstigsten Erfahrungen machen wir immer dann, wenn wir gemeinsam mit anderen auf Entdeckungsreisen gehen und gemeinsam etwas gestalten, was über das hinausgeht, was man als einzelner Mensch zu bewerkstelligen imstande ist.

Je unterschiedlicher die einzelnen Personen und die Erfahrungen, die sie bisher in ihrem Leben zu machen Gelegenheit hatten sind, desto bedeutsamer, ausgewogener, komplexer, innovativer und nachhaltiger wird das Werk, das dieses Team in einer gemeinsamen Anstrengung zu vollbringen imstande ist.

Damit jemand aber gemeinsam mit anderen Menschen nach innovativen und nachhaltigen Lösungen für bestimmte Probleme suchen kann, müsste die betreffende Person in der Lage sein, mit diesen anderen eine vertrauensvolle und konstruktive Beziehung aufzubauen.

Er oder sie müsste nicht nur seine eigenen, sondern vor allem die Bedürfnisse, Wünsche und Ziele dieser anderen Personen erkennen und wertschätzen können. Und ihm oder ihr müsste das gemeinsame Werk, also die Aufgabe, die es zu lösen oder das Problem, das es zu meistern gilt, wichtiger sein als sein eigener, persönlicher Vorteil oder Gewinn, den er oder sie sich von dieser Zusammenarbeit mit diesen anderen Personen verspricht.

Die Weltenrettung ist in vollem Gange[6]

JONAS VON DER GATHEN[7]

Warum sich die kopernikanische Wende gerade auf CSA-Höfen vollzieht und was die ‹Entschulung der Gesellschaft› damit zu tun hat. Bericht eines Gipfeltreffens, bei dem gemeinschaftsgetragene Höfler und angehende Handlungspädagogen Anfang September 2013 in Alfter zusammenkamen.

Keine Zäune. Nur Wassergräben. Und Wasser hat Holland genug. Als ich Den Haag verlasse, sehe ich Tierweiden, eingerahmt von schmalen Wasserkanälen, die als Umgrenzung und Wassertränke dienen. Keine unnötige Arbeit, und die Augen schweifen über freie Herden. Dieses Detail wurde mein stimmiger Auftakt zur Tagung ‹Ökolandbau und Handlungspädagogik› an der Alanus-Hochschule. Am neu gebauten Campus angekommen, ‹bewundere› ich erst mal die Kästen, welche die Gelder der Software-Stiftung für die Architektur-

[6] Erstveröffentlichung in »Das Goetheanum« Nr 39-40 vom 28.9.2013 S. 14-15

[7] Jonas von der Gathen *1983 Statt Schule lieber Wanderschaft über Höfe. Zivildienst in Tansania. 3 Jahre Neuseeland: Mitaufbau einer Gemeinschaft, Begleitung von Jugendlichen im biodynamischen Landbau, Lehmbau, künstlerische Geländegestaltung und Jugendtagungen. Ab 2008 wieder Europa: Ausbildung in Erlebnispädagogik und Erlernen der Bothmer-Gymnastik. Jugendarbeit und Stipendium zu Fragen der Gemeinschaft. Seit 2011 Redakteur für ‹Das Goetheanum› und Bewegungsunterricht für Künstler und in der Heilpädagogik. Hofgemeinschaft Jugendhof Stiftung- für anthroposophische begründete Kriesenbegleitung http://www.jugendhof.ch

studenten ermöglicht haben. Auf den Campuswiesen toben sich die Studenten mit Schnur-Installationen aus und bringen Gewirr zwischen die flachen Fassaden. In der angebrochenen Nacht lockt Stimmengewirr in die helle Cafeteria. Etwa 120 Menschen sitzen kartoffelschnitzend einander gegenüber – ‹ein ganz anderes worldcafe› ist der Programmpunkt überschrieben – schnell wechselndes Kennenlernen lässt Kartoffelskulpturen entstehen, die uns tags darauf ernähren.

Höfe sind nicht Monde sondern Sonnen
Am ersten Morgen die Verkündung: Die Landwirtschaft erlebt gerade ihre kopernikanische Wende. Bisher glaubte man, der Hof drehe sich um die Menschen, das neue Weltbild sagt: Die Menschen drehen sich um den Hof! – Der Boden und jene, die ihn wie persische Magier fruchtbar machen, bilden das neue Zentrum. Der überarbeitete Bauer, der unrentable ‹Drecksarbeit› leistet und an dessen Hofladen man aus romantischen Gründen hin und wieder einkauft, bis einem die Biomöhren bei Aldi weniger krumm und billiger scheinen – diese von ökonomischen Zwängen getriebenen Trabanten sollen zu getragenen Sternen werden. Die Bewegung, die so gerade den Bauernkosmos auf den Kopf stellt, heißt schlicht ‹Community Supported Agriculture› (CSA) oder ‹Gemeinschaftsgetragene Landwirtschaft›.

Neue Spielregeln für Land und Leute
Ein Hof lädt Interessierte oder bestehende Kunden zu einem Infoabend und verkündet, dass jetzt nur noch Gemüse auf den Tisch kommt, wenn das offengelegte Budget ein Jahr im Voraus gedeckt wird. Wer seinen Teil zum Wirtschaftsbedarf beiträgt – vom Schulgeld der Bauernkinder über die Pacht bis zum neuen Trekker –, hat Anteil an der Ernte. Die Karotte – ob krumm oder saftig – unterliegt also keinen schwankenden Preisen mehr, sondern der Vertrauensvorschuss ermöglicht, dass ein Befähigter die Erde im Auftrag einer Menschengruppe bearbeitet. So geschehen auf dem Hof Pente: Obwohl erst zweieinhalb Jahre im ‹solidarischen› Business, hat er bereits einen Umkreis von 250 Menschen. Journalisten besuchen die wöchentlichen Hofführungen und das junge Team hat offenbar genug Kraft, um neben der Feldarbeit noch Filme ins Netz zu stellen, die das CSA-Konzept verbreiten. In all dem Trubel wird auch innerlich geackert. Der Morgenkreis mit Gesang und Eurythmie verbindet die Hofarbeitenden, mit dem Redestein werden Konflikte geklärt und die biodynamische Ausrichtung schafft geistigen Boden. «Unsere Spezialisierung ist die Vielfalt», so Tobias Hartkemeyer, der das Hofgut nahe Osnabrück auf Demeter umgestellt hat. Mittlerweile werden 60 Gemüsesorten angebaut, was der Vorliebe der Mitglieder zu danken ist. Viele davon beginnen, den Hof als Gestaltungsraum zu verstehen, die ehrenamtliche Mithilfe wächst. Etwa von einem Ingenieur im Ruhestand, der gerade dann

auftaucht, als die Konstruktion der Glashäuser ansteht. Hier beweist CSA, dass Arbeit und Lohn mehr als Geld bedeuten können. Zu einem sinnvollen Ganzen zu gehören und die meditative Versenkung der Hände in die Erde zu erleben, beides sind Urbedürfnisse, die in vielen Seelen vergraben liegen. Die Einbeziehung der Mitglieder scheint zugleich archimedischer Hebel und neuralgischer Punkt zu sein. Viele Bauern müssen in zäher Dialogarbeit (auch untereinander) das gewohnte Erzeuger- und Konsumentenverhalten aufweichen, bevor der Hof als Allgemeingut gefühlt wird. Das heißt nicht, das Mitarbeitszwang herrscht – doch wer sich über zweimonatige Rotebeete-Phasen beschwert, sollte lieber mitberaten, wie der Boden zu entwickeln sei. Das, was herrlicher als Gold, was erquicklicher als Licht: das Gespräch, es wird zum entscheidenden Präparat. Wöchentliche E-Mails informieren die Mitglieder, was am Abholtag zu erwarten ist, monatlich entwickeln Einzelne die Wirtschaftsideale weiter. Hoffeste, Ernteaktionen und natürlich die jährliche Vollversammlung bilden den sozialen Kitt, um ein gemeinsames Denkfeld zu beleben. Geschieht dies nicht, überwuchern schnell bestehende Sicherheitsvorstellungen den Impuls. Erträgt mein verwöhnter Astralleib die Unsicherheit eines jahreszeitlichen Speiseplanes? Steige ich aus, sobald mein Lieblingsgemüse erfriert und es für Wochen nur Sellerie gibt? Auf vielen Höfen passiert das Gegenteil: Rezeptbörsen entstehen und werten einseitige Phasen kulinarisch auf. Vielfalt erwacht durch Verzicht.

Ursprünge der CSA-Bewegung
Wolfgang Stränz vom Buschberghof nahe Hamburg eröffnet mit Selbstironie: «Du bist ein alter Sack, du rauchst, du trinkst, warum isst du überhaupt noch Bio, Wolfgang? Ist doch schade um das gute Zeug!» So stellt er die Frage, ob sich Biokonsum überhaupt aus eigenem Gesundheitsnutzen begründen lässt. Konventionelle Bewirtschaftung vergifte schlichtweg den Boden. Mit ein wenig Empathie für das Lebewesen Erde verschiebe sich das Motiv. Solidarische Höfe als ‹Bio-flatrate› zu vereinfachen, wie es die Presse bevorzugt, betone den egoistischen Nutzen. Es gehe darum, ‹Land-Wirtschaft› umzudenken. Im englischen ‹Agri-culture› wäre zumindest noch ‹Kultur› enthalten – im Deutschen regiere «die Wirtschaft das Land», bis ins Wort hinein. Der biodynamische Landwirt tut aber mehr, als Bäuche zu füllen. Die Verwandlung der Erde, die Anbindung an den Kosmos und das Heilen und Aufwecken für die Zusammenhänge und Wesen in der Natur sei Land-Kulturarbeit. Diese Begriffserweiterung ist durch die Anbindung der Menschen an die Höfe wieder möglich. Als fernes Ziel leuchtet auf, dass jeder Mensch Recht auf ein Stück Boden gewinnt – wohlgemerkt nicht Besitzrecht, sondern Bewirtschaftungsrecht. Ein Viertel Hektar fruchtbares Land pro Person reicht aus – wer diese Existenzgrundlage dann bearbeitet, kann gemeinschaftlich geklärt werden. In den USA began die

CSA-Idee bereits Mitte der 80-er Jahre, angeregt von dem biodynamischen Landwirt Trauger Groh. Heute gibt es dort etwa 1500 Gruppen. Den geistigen Ursprung sieht Stränz in der sozialen Dreigliederung. Humorvoll entwickelt er sie an der Negation: «Heben wir die Brüderlichkeit ins Rechtsleben, ja, was haben wir dann: Bayern! ...» Der Buschberghof, Deutschlands Pionierbetrieb, arbeitet seit 25 Jahren mit der Benennung ‹Solidarische Landwirtschaft› und verbindet damit das Ideal der Brüderlichkeit, welches Steiner für die Wirtschaft anregte, sowie einen assoziativen Austausch zwischen Kunden und Erzeugern. Auch Wilhelm Ernst Barkhoff – immer an der Speerspitze wirtschaftlicher Experimente – war als Geburtshelfer dabei und verleibte dem Hof das Ideal des Schenkens ein. Bis heute gibt es auf dem Buschberghof keinen Festbetrag, jedes Mitglied entscheidet, wie viel es mitträgt. Zehn Jahre gab es deutschlandweit nur diesen Betrieb. Eine Durststrecke in der die Idee – von vielen unverstanden – durchgetragen wurde. In der nächsten Dekade waren zehn Höfe existent, 2012 bereits 30, heute sind an die 40 Höfe in Deutschland umgestellt. In den Tagungspausen schwirrte es nur so von Initiativen, die von Mecklenburg bis ins Ruhrgebiet gerade in Hofkauf oder Gründung stehen – ein soziales Gesumme arbeitsamer Bienen, die nicht aus Pflicht, sondern begeistert für Honig und Licht, zu ihrem Werk ausfliegen.

Höfe als pädagogische Provinz
Ein Grund für das neu erwachende Selbstvertrauen mag in der teils ausweglosen Situation vieler Bauern liegen. Saatgut- und Chemie-Lobby erzeugen solche Bedrängnis, dass die Goethe'sche Losung gilt: «Ein Einzelner hilft nicht, sondern wer sich mit vielen zur rechten Stunde vereinigt!» Doch die Welt brennt nicht nur auf den Maisfeldern, sondern auch in den Klassenzimmern – ob lasiert oder nicht. Hier gelang der Tagung ein Brückenschlag zwischen visionären Höfen und virulenter Bildungskrise. Anstatt die steigende Unbeschulbarkeit in Deutschland als Wirtschaftsgefahr zu lesen, wird sie als gesunde Abwehrreaktion begrüßt. Ein Hofpapa berichtet, wie sein Sohn bereits nach einer Woche rebellierte: «Papa, Kindergarten ist Zeitverschwendung!» Was hier anklingt, ist die von immer mehr Kindern erlebte Künstlichkeit pädagogischer Systeme: Die Vorbereitung für das Leben ist getrennt vom Leben selbst.
13 Jahre sitzen Menschen in separierten Gebäuden, in denen sie außer dem Hausmeister kaum physisch arbeitende Erwachsene zu Gesicht bekommen. Peter Guttenhöfer und Manfred Schulze, beide ‹mitschuldige› Lehrerausbilder, setzten bei Steiners und Beuys ‹Revolution der Begriffe› an. Was Schule oder ein Lehrer ist, müsse neu verhandelt werden. Nur der kann sich Erzieher nennen, der sich selbst erzieht. Dieses geistige Maß stellt die juristische Zertifizierung vieler Lehrbeauftragter infrage, und weitet den Blick – auch auf

den Bauern. «Der Bauer ist mit den Folgen seiner Taten über Generationen hinweg verbunden. Die Zusammenhänge zwischen den menschlichen Entscheidungen, den Lebensgrundlagen der Böden, Pflanzen und Tiere und den Wechselfällen des Wetters sind so offensichtlich, dass dieser Arbeitsbereich geneigt ist, neben praktischen Tätigkeiten die ökologische Tiefe der Lebenszusammenhänge zu erfahren. Vernetztes, urteilssicheres und imaginatives Denken muss man nicht extra üben, wenn man im Landbau aufwächst.» So die Tagungsmacher in ihrem Plädoyer den Lernort Schule auf Höfe auszuweiten. An einigen Orten entstehen bereits Hof-Kindergärten, in denen sich die Tagesabläufe stark an die Natur binden. Ob Fütterungszeiten oder Mithilfe bei der Rübenernte, die Kinder – so die These – entwickeln gerade die Basal-Sinne, wenn sie von Erwachsenen umgeben sind, die in sinnvoller Arbeit geschickt ihre Glieder betätigen.

Einem skeptischen Denken können Handlungspädagogik und gemeinschaftsgetragene Landwirtschaft als atavistisches ‹Zurück zur Natur› oder kommunistisches ‹Die Höfe gehören allen› erscheinen. Doch abgesehen von einer selbst gedichteten Gitarreneinlage – die tatsächlich eher an die grünen 80er erinnerte – war nichts von Rückwärtsgewandtheit zu spüren. Ob ein Tagungsthema ‹an der Zeit› ist, zeigt sich auch daran, das ungeplant alle Generationen zusammenkommen. Die bunte Mischung aus jungen Biodynamikern, alten Waldorfhasen, Alaner Wirtschafts- und Pädagogikstudierenden bereichert durch Permakultur-Aktivisten aus der Ökodorfbewegung, tagte sicher nicht zum letzten Mal. Es bleibt dabei ... eine Welt ohne Zäune brauchen das Land und die Leute.

Handlungspädagogik Tagung an der Alanushochschule 6.-8.9.2013

Weitere Info:

www.solidarische-landwirtschaft.org
www.makeCSA.org
www.handlungspaedagogik.org

Rückmeldungen zu den Nachrichten vom Hof

Riesengroßes Kompliment ... wunderbarer Text... Die Sprache lässt den Leser schwärmen... voller Freude... bis zum Schluss genießen... Es ist schon eine besondere Kunst, Ärger und Unerwartetes mit so viel Charme zu beschreiben. Super toll!

Dr. B.R.

Ich brauche die Nachrichten vom Hof jeden Monat um zu leben!

F.H.

Die Nachrichten haben besonders Mut gemacht

H.S.

Köstlich...diese Berichte, ärgerlich...diese leidige Bürokratie. Vielen Dank... mich ... am Leben teilhaben zu lassen
G.K.

Ich freue mich ...dass ihr euch nicht beirren lasst! Mir macht das Mut dass es andere, bessere Wege gibt für Leben und Ernährung!
A.W.

Dank für den so erbaulichen Hofbericht. Inspirierende Lektüre! Kritischer Blick auf den globalen Kontext... andere als die eingefahrenen Gleise.

Dr. H.W.-P.

Danke für ...die Hofnachrichten... die ich mit Spannung erwarte, mich sehr ansprechen, nähren, nachdenkliche machen und meinen Blick für die Probleme von Landwirtschaft und Umwelt schärfen.

K.L.

Sooo interessant all die Zusammenhänge und Informationen...kräftiges Lob....Lichtblick in diesen Zeiten

G.K.

Autoren

Johannes F. Hartkemeyer, Bauer, Grund-& Hauptschullehrer, Dipl.-Ing., Dipl.-päd., Dr.rer.pol., seit 1975 Bezirksleiter der ländlichen Erwachsenenbildung Niedersachsen, bis 2009 Direktor der Volkshochschule der Stadt Osnabrück, langjähriges Kuratoriumsmitglied des Deutschen Instituts für Erwachsenenbildung Frankfurt/Bonn, langjähriger Lehrbeauftragter für Bildungssoziologie und Lernkultur an der Universität Osnabrück; Gründungsmitglied und Vorstand des Niedersächsischen Instituts für frühkindliche Bildung und Entwicklung (NIFBE); Bundesverdienstkreuz "für sein soziales, ökologisches und bildungspolitisches Engagement" (2007); mehr als 100 Veröffentlichungen zu Fragen der Bildung und Umweltpolitik, vier Kinder, neun Enkelkinder.

Martina Hartkemeyer, geb. 1957, Diplom-Biologin, Dr. rer.pol., leitet seit 20 Jahren das Institut für Dialogprozess-Begleitung der Adolf-Reichwein-Gesellschaft in Bramsche. Als Ausbilderin für das Dialogprojekt ist sie international tätig. Autorin mehrerer Bücher zu Dialog und Erziehung. Martina Hartkemeyer ist Mutter von vier erwachsenen Kinder, Oma von neun Enkelkindern und wohnt seit über 30 Jahren auf dem Gemeinschaftshof Pente.

Julia Hartkemeyer, Bäuerin, Gärtnerin, B.Sc. Agr. Sie ist Mitbegründer des CSA Hofs Pente, auf dem sie mit ihrer Familie lebt und arbeitet, Autorin, Ausbilderin für Gartenbau, organisiert Führungen, Vorträge und Veranstaltungen zu CSA und Handlungspädagogik, verheiratet, vier Kinder.

Tobias Hartkemeyer, Bauer, Lehrer, Dipl. Ing. Dr. agr., Studium in DE, ES, GB und MEX: Agrar- und Erziehungswissenschaften, Biologie/ Geographie/ Philosophie, SEC II, Holistic Science. 1. Staatsexamen, Waldorflehrerstudium, Landbauschule Dottenfelder Hof, Eurythmie Basis Ausbildung; 2004-2010 wiss. Mitarbeiter Uni Kassel (an den Fachbereichen Psychologie, Ernährungskultur und Agrartechnik.); Mitbegründer des »CSA Hofs Pente« und der Arbeitsgemeinschaft Handlungspädagogik, Ausbilder für Landwirtschaft, Seminarleiter Freie Ausbildung, Vorsitzender der Adolf-Reichwein-Gesellschaft e.V., Gründungs- und Vorstandsmitglied der ENDF »European Network for Dialogue Facilitation«; Autor mehrerer Bücher; Vorträge, Seminare und Workshops an verschiedenen europäischen Institutionen und Universitäten, Ausbilder für Dialogprozessbegleitung am Institut Dialog Transnational - Berlin, verheiratet, vier Kinder.

www.hofpente.de   www.dialogprojekt.de